Huevos
yoni

Lilou Macé

Huevos yoni

Descubre el secreto
de una sexualidad plena
y una confianza recobrada

Neo Person

Advertencia

El contenido de este libro tiene una finalidad meramente divulgativa. La información aquí expuesta no debe sustituir en ningún caso al consejo médico profesional ni ser utilizada para diagnosticar, tratar o curar enfermedades, trastornos o dolencias. Por consiguiente, la editorial no se hace responsable de los daños o pérdidas causados, o supuestamente causados, de forma directa o indirecta por el uso, la aplicación o la interpretación de la información aquí contenida.

Título original: *L'Oeuf de Yoni*

Traducción: Andrea Pellegrini

© 2018, Leduc.s Éditions
Publicado por acuerdo con Eddison Bools Ltd,
St Chad's House, 148 King's Cross Road,
Londres, Inglaterra

Ilustraciones interiores: Caroline Ayrault
Fotografias de los huevos: Muriel Despiau
Fotografía de la autora: Phi-Haï Phan

De la presente edición en castellano:
© Neo Person, 2018
    Alquimia, 6 - 28933 Móstoles (Madrid) - España
    Tels.: 91 614 53 46 - 91 614 58 49
    www.alfaomega.es - E-mail: alfaomega@alfaomega.es

Primera edición: mayo de 2020

Depósito legal: M. 648-2020
I.S.B.N.: 978-84-15887-51-5

Impreso en India

Índice

Prefacio

Hace mucho tiempo, en la antigua China, los emperadores instauraron harenes de mujeres encargadas de velar por el placer de todos ellos. Una de las prácticas indispensables era el dominio del huevo de jade.

Cada mujer tenía que insertar en su vagina un huevo de jade y hacer ejercicios. Cuando ya estaba preparada, debía someterse a una prueba que consistía en atar un hilo de oro al huevo, unir uno de los extremos a un trono pesado, y a continuación tirar de él hasta romperlo usando sus músculos vaginales. De esta manera, la mujer demostraba la fuerza que había desarrollado.

Una vez alcanzado este punto de control, la concubina resultaba lo suficientemente fuerte como para presionar a voluntad el pene del emperador dentro de la vagina. Lo hacía por placer, pero también para evitar que el emperador pasara su «punto de no retorno». Sin emisión del esperma, se evitaba el embarazo.

Esto lo aprendí de mi maestro de taoísmo, quien también me enseñó en detalle cómo usar esta antigua práctica de los palacios imperiales para mejorar la salud y el placer de las mujeres y los hombres.

Después de años de experiencia docente y comentarios positivos de mis alumnos, me alegra saber que este valioso conocimiento se está transmitiendo ahora a un gran número de personas.

Lilou transmite esta información vital y útil a todas aquellas mujeres afortunadas que se atrevan a experimentar y descubrir las maravillas que ofrece la práctica del huevo yoni.

La atención se centra en la buena salud y el buen *chi*.

Mantak Chia

lilou ♥ Macé

En total intimidad

Hace unos años, durante un reportaje en Chiang Mai, Tailandia, descubrí los huevos yoni. Intrigada por esta pequeña piedra pulida de forma ovoide, quise saber más, ¡y sobre todo probarla! **La emoción de descubrir el secreto femenino que me permitiría liberar mi ser como mujer, revelar mi belleza interior y recuperar la confianza en mí misma se ha ido convirtiendo en el hilo conductor de mi vida.**

No puedo decir que, al principio, la idea de insertar un objeto así en mi cuerpo me dejase indiferente. Sin embargo, rápidamente tomé conciencia de muchas cosas, incluida mi falta de conocimiento sobre mi anatomía íntima. ¡Era evidente que veía esta parte de mi cuerpo como un objeto de deseo, placer y gozo más que como algo revelador del poder de mi feminidad interior! Me enfrenté a mis pudores, a mi descuido y a mi ignorancia, pero, gracias a este pequeño objeto, de repente me sentí lista para descubrir más.

¿Mi yoni? ¡Ay, mi yoni! ¡Qué dulce nombre para describir la parte más íntima y femenina de mi cuerpo! ¡Qué ternura, qué complicidad surge de ese término que alude a mi sexo! Al colocar la mano derecha en esta parte de mi cuerpo, con el corazón latiéndome a toda prisa mientras pronunciaba suavemente «mi yoni», sentí que comenzaba una tierna complicidad y un emocionante capítulo de mi vida.

¿Qué esconde realmente este recinto? ¿Quizá secretos mucho más extraordinarios que el placer y el orgasmo?

Unos días después de haberme hecho a mí misma dos o tres preguntas sobre este misterioso huevo yoni, decidí embarcarme en mi primer intento. «¡Oooohhhh!», «¡Uy!», «Aaaahhhh!» ¡El huevo acabó dentro de mi yoni! Y permaneció ahí, tranquilo, pacífico. Respiré y me levanté. No lo sentía en mí, y, sin embargo, **algo había cambiado definitivamente.**

Enseguida observé que mi relación con los hombres evolucionaba día a día. **Me sentía más confiada, serena y más sensual.** Cada vez reclamaba menos atención, cumplidos y amor de parte de otros. Redescubrí esta parte de mi cuerpo, me interesé y la escuché cada día más. **Cuanto más se abría mi sexo y se relajaba, más asumía yo mi lugar. Un poder sutil y casi tangible emergía de mí.** Los hombres se me acercaban, pero no por «sexo», ¡sino interesados en la mujer en la me estaba convirtiendo! Y esa fue la primera vez. ¿Era posible que mi percepción, mi presencia y mi atención hubiesen cambiado tan rápidamente? ¿Fue la acción de la piedra lo que afectó a mi yoni? ¿Fue mi búsqueda o mis nuevas preguntas lo que me permitió vivir estas nuevas experiencias? ¿O simplemente fue el azar?

Mi experiencia habitual con el huevo yoni, además del asesoramiento de expertos, me llevó rápidamente a creer que el azar no tenía nada que ver en todo esto. Después de un año de práctica, volví a Tailandia para realizar una serie de entrevistas filmadas (lateledelilou.com) y conocer más sobre **los grandes secretos del huevo yoni.**

Transmitidas en YouTube, estas entrevistas han inspirado a miles de mujeres a probar esta práctica. Ante la creciente demanda de seguidoras que venían a mi encuentro, ofrecí huevos yoni en mi sitio web (lalibrairiedelilou.com). A ello le siguió un tsunami de preguntas y testimonios inspiradores, todo lo cual me llevó a escribir este libro.

Este proyecto se impuso como una de mis prioridades, tal como sucedió con la práctica con el huevo yoni; sentí que debía seguir este camino y compartir la liberación y el deseo de que este secreto de las mujeres se siguiera revelando y transmitiendo.

En este libro aprenderás que puedes usar el huevo yoni en casi todos los momentos de tu vida como mujer; pero, por supuesto, respetando ciertas pautas. Insertar un objeto en el propio cuerpo puede convertirse, con razón, en motivo de cuestionamiento. Algunas de vosotras os encontraréis más cómodas que otras ante el primer contacto con el huevo.

Como toda práctica, requiere regularidad, descanso y mucha escucha interior. Tómate tu tiempo y presta atención a tu cuerpo y a tu intuición.

En completa complicidad y respeto por tu yoni, esta práctica te permitirá comprender tu «ser interior», tu sabiduría, y te ayudará a desplegar el verdadero poder que se encuentra dentro de ti, el de tu radiante feminidad.

Muchas mujeres me han dicho que se sienten más «vivas», «serenas», más «mujeres» gracias a la práctica. Deseo sinceramente que tengamos confianza, libertad en nuestra feminidad, en nuestras decisiones, y que encontremos nuestro lugar como mujeres para crear de manera activa y serena un mundo que ya está comenzando a tomar forma.

La práctica del huevo se adapta a cada una de nosotras según nuestra edad, nuestro modo de vida, nuestras experiencias —a veces dolorosas— y también nuestros sentimientos y deseos.

Este libro se ofrece como **una guía práctica para llegar a comprender los beneficios del huevo yoni, adquirir el conocimiento necesario para elegir uno, decantarse por un tamaño y una variedad de piedra, y finalmente practicar con toda serenidad y libertad.** Para ello he recogido la opinión de profesionales sanitarios y gemólogos, quienes complementan el consejo de expertos especializados en la práctica del huevo yoni.

También encontrarás muchos testimonios de mujeres de todas las edades y orígenes que desean compartir su experiencia personal con otras mujeres y asesorarlas.

Mi intención no ha sido reunir toda la información existente sobre este tema, sino sintetizar la esencia del conocimiento que se necesita para empezar a practicar confiadamente con el huevo yoni.

Espero que el contenido de este libro despierte en ti una nueva dimensión personal hasta ahora ignorada. **Deseo que al liberar tu cuerpo de recuerdos que te limitan, te atrevas a descubrir y expresar tu poderosa belleza interior con toda serenidad,** y que puedas presenciar un nuevo mundo que florece ante tus ojos, brillantes de emoción y alegría.

Contigo, mujer, de todo corazón, en esta nueva etapa de tu vida,

Lilou Macé

Descubre los secretos de tu yoni

▲▲▲▲▲▲▲▲▲▲

¿Quién es Yoni?

Cada una de nosotras ha asignado un nombre especial a la parte más intrigante e íntima de nuestra anatomía, es decir, a nuestro sexo. Existen muchas denominaciones, desde las más poéticas hasta las más vulgares, que evolucionan con nuestra sociedad y con las aspiraciones de cada mujer.

Mientras participaba en un taller de tantra, oí por primera vez este término, del cual me enamoré de inmediato: «yoni». Dulce, delicado, exótico... Me sentí transportada a un nuevo espacio de exploración. **¡Por fin un nombre gentil, misterioso y respetuoso para describir esta parte de mi cuerpo!**

Me gustaría aclarar ahora que el término yoni *suele utilizarse en masculino, pero que será femenino en esta guía, por razones completamente lógicas y prácticas.*

Después de algunas investigaciones, descubrí que la palabra *yoni* (del sánscrito, lengua ancestral indoeuropea) significaba mucho más que la parte exterior de mi sexo o mi vagina. Físicamente, se refiere tanto al exterior (pubis o monte de Venus, uretra, labios, clítoris), como al interior (aparato genital que incluye el útero, la vagina, el suelo pélvico, los ovarios y las trompas de Falopio) del sexo femenino. ¡Al fin una palabra para definir la totalidad de esta parte de nuestra anatomía!

Universalmente, la yoni es la base de nuestra fuerza creativa, nuestra energía femenina, el templo del conocimiento interno. Al movilizar ciertos recuerdos, traumas y energías almacenadas en esta parte del cuerpo, tendremos acceso a una liberación sin precedentes.

La yoni no es, por tanto, una parte del cuerpo como cualquier otra; partiendo de un enfoque antiguo, y sin embargo moderno, del sexo de las mujeres, abre un área más amplia de conocimiento en este campo.

«Es un espacio extraordinario. Cuanto más nos esforcemos por domesticarlo, más puertas abriremos, hacia fuera y hacia dentro, lo cual nos da acceso a la inmensidad de la existencia», explica Aisha Sieburth, escritora, instructora avanzada de tao con certificación oficial de Mantak Chia y fundadora del Tao de la Vitalidad en Francia.

La buena noticia es que este conocimiento nunca se ha perdido. Continúa desde la noche de los tiempos, y ha estado presente en los cuerpos de nuestras mujeres. Como un tesoro, está oculto en nosotras, en un lugar que hemos olvidado cultivar, respetar y al que no sabemos cómo conectarnos para acceder a su verdadero secreto.

¡Ha llegado el momento de realizar las prácticas y los rituales que dan acceso a sus misterios! El conocimiento íntimo de nuestra yoni es para mí lo que nos permitirá resolver parte de la paradoja permanente que vivimos como mujeres. **Llevamos en nosotras lo que buscamos desesperadamente fuera. Un viaje profundo por dentro de nosotras mismas nos guiará a una apertura luminosa y generosa hacia el exterior.**

Te propongo que explores los secretos de tu yoni como una clave de acceso a la realización personal, a la salud íntima y a una vitalidad sin precedentes.

Breve lección de anatomía

Con el nombre no basta para entender inmediatamente el concepto. ¡Si has olvidado tus clases de anatomía, he aquí un pequeño resumen que será interesante tener en cuenta para la buena aplicación de las siguientes prácticas!

Cuando exploramos externamente nuestra yoni, lo primero que vemos es el monte de Venus, la parte más baja y central de nuestro vientre, donde se va formando en la pubertad uno de los primeros caracteres sexuales secundarios, un vello púbico más o menos tupido y sujeto a diversos cuidados y modas. Pero ¡volvamos a la anatomía!

Esta parte de nuestro cuerpo tiene forma de triángulo, ante el cual se sitúa el clítoris; allí se unen nuestros dos labios mayores, que ocultan a los labios menores, de una textura más delicada y sensible y que resultan afectados por la excitación sexual.

A continuación encontramos tres orificios: el de la orina (uretra), la vagina (cubierta parcialmente por el himen en las mujeres vírgenes) y el ano. La vagina nos conduce al punto G y al útero.

Los fluidos femeninos

Otro punto importante que mencionar en esta explicación es el relacionado con nuestros tres fluidos femeninos: el primero tiene la función de lubricar la vagina; el segundo se emite en el momento del orgasmo; el tercero, presente en las «mujeres fuente» o «mujeres manantial», según Jacques Salomé, es accesible para muchas de nosotras a través de la práctica. Los fluidos entonces brotan de nuestra yoni liberando emociones y recuerdos. José Toirán, especialista en este campo, lo explicará un poco a lo largo de este libro.

Después de haber participado de una sesión con José Toirán, en el Tao Garden, soy plenamente consciente de que el conocimiento de nuestro cuerpo, nuestros orgasmos, nuestros fluidos y nuestra fusión con la vida no tiene fin. Esta experiencia fue una de las más bellas de mi vida. Mi sabiduría interior me animó a realizarla.

Estoy nerviosa; mi cuerpo tiembla. Mientras estoy desnuda debajo de unas toallas blancas, José masajea mi cuerpo con aceite de coco.
Me enseña a respirar con él. Sus dedos entran en mi vagina (con
guantes de látex) y aprendo a empujar con el útero. Mientras él me
guía, contengo el aliento y somos uno en la respiración. No hay nada
sexual entre nosotros. Es como si me hiciera el amor a mí misma; me
ofrezco este regalo y alguien me acompaña. Mi sexo se abre, el ritmo
aumenta y llega el placer. La primavera se abre, el agua corre abun-
dantemente desde mí. La fuente, la abundancia de la mujer, está presente. Me siento majestuosa, me siento como una diosa y para siempre transformada.

José Toirán, entrenado por Mantak Chia y experto en eyaculación
femenina, afirma que todos somos capaces de eyacular, pero que es particularmente sanador para la mujer. Es una técnica que José enseña durante sus sesiones. También fue él quien, junto a un equipo de científicos,
comenzó a investigar para explicar este fenómeno observado en las mujeres y darle más visibilidad y aceptación.

Ahora que empezamos a familiarizarnos con la yoni, veamos los aspectos que pueden **ayudarnos a activar toda su energía, y la manera de
recuperar la confianza en nosotras mismas.**

¿Qué es un huevo yoni?

«Las mujeres tienen todo dentro de ellas. No hay nada que entrenar externamente. Para los hombres es más fácil, porque todo está en el exterior. Pueden tocar y activarse, a diferencia de las mujeres, que necesitan una herramienta para conseguirlo», dice Jutta Kellenberger, experta en la mujer, el taoísmo, la meditación y los huevos yoni.

El huevo yoni es un objeto de piedra semipreciosa o preciosa destinado a colocarse en el centro de nuestra yoni. Tradicionalmente se le llamaba «huevo de jade», puesto que era este mineral el que se usaba en la fabricación de los primeros huevos. También se le denomina «huevo energético».

Produce muchos beneficios para nuestro bienestar, nuestro dinamismo y nuestra sexualidad, que describiré en detalle en este capítulo. Ayuda a fortalecer el suelo pélvico a través del canal vaginal.

Cuando practicas un deporte, no esperas obtener resultados interesantes sin hacer ejercicio regularmente y sin contraer los músculos, ¿verdad? Pues lo mismo ocurre con el huevo. De densidad y tamaños variables, estos objetos darán a tu yoni cierto trabajo. Tu canal vaginal se convertirá en una herramienta para fortalecer el suelo pélvico, constituido por una serie de músculos en forma de hamaca que, suspendidos desde la parte frontal hasta la parte posterior de tu cuerpo, sostienen un buen número de órganos valiosos.

Siguiendo las prácticas y los ejercicios explicados en este libro, podrás **mantener y mejorar el tono de tu perineo.** Pero eso no es todo.

El huevo yoni desempeña varias funciones, todas ellas de gran importancia: mejora tu salud íntima, favorece tu realización personal como mujer, potencia la confianza en ti misma y te reconecta con tu poder femenino y la sabiduría interior que surgen al centrar la conciencia y la presencia en esta parte infinitamente conectada del cuerpo. Los motivos íntimos para usar el huevo han evolucionado desde sus orígenes y serán distintos según la edad, las necesidades y los deseos de cada mujer.

«El huevo yoni es como una joya, un tesoro con el que tejemos una amistad. Permite entablar un vínculo con esta parte de nuestro cuerpo que exploraremos y descubriremos», afirma Aisha Sieburth.

El huevo yoni puede estar tallado, esculpido y pulido en muchos tipos de piedra. Elegir uno es una decisión personal y tiene relación con las propiedades litoterapéuticas del huevo y los deseos de cada mujer. En el capítulo 3 presentaré las diferentes piedras y las posibles opciones para su uso interno y externo, tanto en términos de su tamaño como de sus beneficios particulares.

Brillantes por su pulido, más o menos transparentes según el tipo de piedra, los huevos yoni se presentan en tres tamaños para diversificar los placeres y exploraciones.

Para Aisha Sieburth, «el huevo yoni está hecho de un mineral que proviene de la tierra, un material muy noble que usaremos para despertar el caldero sagrado de nuestra feminidad, que es el espacio desde el que emergen las energías creativas».

Si todo esto todavía te parece muy misterioso, ten la seguridad de que nos iniciaremos en sus secretos a lo largo de estas páginas.

La práctica del huevo yoni se remonta a tiempos remotos, en China, y se ha adaptado a la vida moderna y activa que la mayoría de las mujeres llevamos hoy en día.

Los orígenes legendarios del huevo

Mantak Chia fue el primer maestro taoísta que —en la década de 1970— habló sobre el huevo de jade en sus libros. Todos los instructores y expertos que entrevisté para aprender más sobre esta práctica, como Aisha Sieburth, Jutta Kellenberger, Sarina Stone, Minke de Vos, Shashi Solla y José Toirán, fueron alumnos de este pionero.

«En la antigüedad, esta técnica estaba reservada para la reina, la princesa y las concubinas. Las mujeres iniciadas en el taoísmo venían a enseñarles "el arte de la alcoba"», dice Mantak Chia en una entrevista cara a cara frente a su casa, en Chiang Mai, Tailandia.

En la antigua China, la historia del huevo de jade, o huevo yoni, se remonta a más de dos mil años. A petición del emperador, tanto la emperatriz como cientos de concubinas se iniciaban en el mayor secreto: la práctica del huevo. El objetivo era desarrollar el poder de su órgano sexual y mantener su juventud y vitalidad para hacer el amor divinamente bien al emperador.

El control de las contracciones vaginales les permitía también controlar la emoción del emperador para aumentar así la energía en sus centros superiores. Lleno de energía universal y cósmica, el monarca podría conectarse con una dimensión más sabia y más grande de sí mismo y tomar mejores decisiones para su reino.

Incluso aunque esta práctica tuviera como primer objetivo el placer del emperador (¡y el control de sus eyaculaciones!), cuanto más ganaban sus mujeres en conocimientos técnicos más ganaban en poder. Las más expertas eran sus favoritas.

El huevo yoni y la mujer moderna

La práctica ha evolucionado claramente al cambiar nuestro lugar como mujeres. Ya no estamos obligadas a ofrecer nuestra vida al emperador, por lo que podemos usar estas prácticas para nosotras mismas.

Por ello, el huevo yoni se ha adaptado a la realidad cotidiana de las mujeres: independencia, estrés, vida familiar, cambios de situación, masculinización, pérdida de orientación, búsqueda profunda de significado.

El huevo permite a la mujer encontrar su lugar; le hace vivir una transformación interior.

Aisha Sieburth afirma: «El huevo de jade es una herramienta que nos ayuda concretamente a iniciar este proceso —y añade—: La práctica del huevo está diseñada para despertar la dimensión sagrada de la energía femenina, reconectar con su dulzura, su energía curativa, su fuerza silenciosa, con objeto de recuperar la autonomía y equilibrar la salud del cuerpo, el corazón y la mente.

El uso regular del huevo yoni combinado con tiempos de descanso y observación nos permitirá **conocernos mejor, despertar nuestra energía creativa y sexual, y también sentirnos más espontáneamente guiadas para elegir opciones de vida con total libertad y plena conciencia.** Por su forma, el huevo se adaptará a nuestra yoni y permitirá realizar un trabajo, que evolucionará con el tiempo, basado en múltiples ejercicios.

Al igual que el lugar que ocupamos en la sociedad ha cambiado, la práctica del huevo yoni también se ha ido adaptando, permitiendo a la mujer moderna revelar al mundo su poder y belleza interior. En el último capítulo de este libro volveré a desarrollar este aspecto de lo sagrado femenino y de los rituales que lo acompañan.

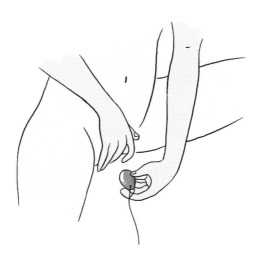

¿Y las bolas de *geisha*, entonces?

A menudo asociadas a una salud vaginal de hierro o al placer, o a un juguete sexual, las bolas de geisha, a diferencia de los huevos, se usan principalmente de dos en dos (siempre se presentan en pares).

Práctica avanzada

En la práctica más avanzada con los huevos yoni, también se pueden usar dos huevos. Las mujeres que usan dos huevos pequeños, me explica José Toirán, hacen que se muevan entre ellos, se separen y se junten para trabajar los diferentes anillos musculares de su vagina, lo que les permite un mayor control.

¿De qué están hechas las bolas de geisha? Por lo general, de silicona o plástico, y más raramente de acero, vidrio o piedra. Se mueven de acuerdo con los movimientos del cuerpo de la mujer para fortalecer diferentes áreas del suelo pélvico y, al crear vibraciones, producen placer y permiten fortalecer el perineo.

A diferencia de los huevos yoni, por su forma (redonda), tamaño y peso, se llevan puestas a menudo, pero se practica menos con ellas. El huevo yoni generalmente está perforado y ofrece la posibilidad de desarrollar muchas prácticas evolutivas variadas según el material del que esté hecho, su peso y su tamaño. Las bolas de geisha, por el contrario, no permiten agregar pesos, tensiones, realizar prácticas diferentes, aportar creatividad, y, por lo tanto, no ofrecen tantos beneficios.

> Una amiga usaba bolas de geisha de plástico para su rehabilitación, y yo también compré algunas. Pero el material no me gustó. Sin embargo, caí rendida ante los huevos, en particular por los beneficios que aportan las piedras. Todas las mañanas llevo puesto un huevo sin ningún problema.
>
> *Catherine*

Las bolas de geisha permiten trabajar de modo local mediante contracciones, pero nunca obtendremos una yoni más tonificada realizando solo contracciones y relajaciones. Por otro lado, las bolas suelen ser demasiado ligeras o demasiado pequeñas, y, sobre todo, no permiten colocar peso para un trabajo real. De hecho, el músculo responsable del tono del suelo pélvico no está dentro de nuestro canal vaginal, lo que hace que las bolas de geisha resulten prácticamente inútiles para los ejercicios de Kegel. El doctor Arnold Kegel, creador de la técnica, aconsejaba practicarlos con pesas para aumentar la resistencia.

El simbolismo del huevo

Tener por primera vez un huevo yoni en las manos resulta abrumador y emocionante. Es un objeto suave, redondeado, brillante, en el que se percibe el poder. El huevo es el símbolo de la vida, de la fertilidad, del renacimiento, de un nuevo comienzo. También puede evocar ternura, felicidad, el niño interior y la vida intrauterina.

En un plano simbólico, representa mucho para la mujer y genera expectativas íntimas diferentes para cada una.

> Este huevo ha liberado realmente mi feminidad y mi sexualidad. Su símbolo me liberó del parto y me permitió acoger psíquica a un ser en mi vientre, después de haber experimentado dificultades en relación con la maternidad y el nacimiento de un hijo.
> *Hélène*

El huevo también representa la unidad, el yin y el yang juntos, nuestras facetas coexistentes de sombra y luz. Materializa la fertilidad, el nacimiento y la unión de lo masculino y lo femenino. Es la fuente, el origen y el punto de partida. Nos une y nos armoniza como recipiente y protector. Llevar un huevo yoni aporta a muchas mujeres una sensación de completitud, de unidad con él y de haber encontrado al fin su lugar.

Descubrí una nueva sensación de completitud
al llevar el huevo dentro de mí.
Sophie

Para Aisha Sieburth, que enseña la práctica del huevo de jade en sus talleres, **el huevo es el símbolo del trabajo que se nos pide que hagamos: un trabajo interior, no exterior, para reconectarnos con una parte más profunda, para abrir las muchas puertas del conocimiento ancestral de las que somos guardianas.** «El trabajo interno que se solicita aquí es holístico y unificador. Somos como un huevo».

El huevo yoni es también un símbolo de la energía creativa que llevamos dentro, así como la liberación de la energía atrapada por distintos traumas. La energía vital o *chi* quedará atrapada en ciertas partes del cuerpo, incluida la yoni. El trabajo del huevo, como veremos más adelante, consiste en masajear la yoni para liberar energía.

Jutta Kellenberger lo confirma: «Suelo llamarlo "huevo energético", en lugar de "huevo de jade", porque nos aporta mucha energía. Cuando haces los ejercicios para fortalecer los músculos de la pelvis, te sientes totalmente energizada. ¡Nos da tanta vida! Muchas energías atrapadas en este lugar se irán liberando con el tiempo y la práctica».

Los puntos de reflexología vaginal y la medicina tradicional china

Seguramente has probado u oído hablar de acupuntura, reflexología podálica o masaje *shiatsu*. Estas técnicas orientales se basan en la circulación de energía a través de canales llamados meridianos, que recorren el cuerpo. Según el caso, el practicante pondrá agujas, presionará o masajeará estos puntos para promover el flujo energético.

«En la vagina hay puntos de pasaje de los meridianos, también llamados "puntos de reflexología". Cuando entrenamos con el huevo, activamos todos los meridianos y los órganos de nuestro cuerpo», explica Jutta Kellenberger. De hecho, los meridianos, cada uno siguiendo su propia trayectoria, recorren todos los órganos del cuerpo. Mantak Chia ha explicado la reflexología sexual en muchas de sus obras.

Los puntos de la reflexología permiten, por lo tanto, estimular la energía de los órganos y trabajar sobre las energías que se hallan enquistadas para liberarlas y hacerlas circular. Por ejemplo, en la medicina tradicional china (MTC), la entrada a la vagina está vinculada a la vejiga y los riñones. En la zona central está más relacionada con el hígado y el bazo; hacia arriba, con los pulmones y, justo debajo del cuello uterino, con el corazón. Y en el caso de los hombres, ocurre exactamente lo mismo: el glande del pene está conectado al corazón, y así sucesivamente.

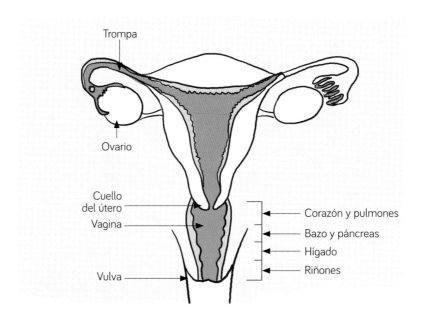

Comenzamos a vislumbrar **toda la dimensión energética de la yoni y de la sexualidad sagrada**. Minke de Vos, instructora de tao, nos explica este punto: «En la apertura de la yoni, en la parte inferior, están los riñones. En medio de la yoni se encuentra el hígado y el bazo, y en el cuello uterino, en la parte superior, el corazón y los pulmones. Cuanto más profundamente nos penetran, más nos acercamos al corazón. Y si el corazón se abre, entonces la energía se eleva a través del canal central hacia la coronilla. Con tu yoni y una sexualidad sagrada, abres un canal central y todos los chakras se alinean».

Así, el trabajo de los huevos yoni favorecerá la limpieza de los diferentes espacios de nuestra yoni, nuestro «palacio de jade», y permitirá una circulación ascendente de energía.

Para Aisha Sieburth no hay duda: «Podremos trabajar con nuestras emociones, con los elementos de la naturaleza que están relacionados con nuestros órganos. Elementos como el agua, la madera, la tierra, el fuego, el metal, el cielo, etc. vendrán a vernos dentro de este palacio de jade, ubicado en nuestro cuerpo, para ayudarnos a limpiar heridas, cuestiones del pasado, y dar así paso a nuestra verdadera naturaleza».

Prueba la tonicidad de tu perineo

Antes de comenzar tu trabajo energético, y para que la práctica cumpla las expectativas, dediquemos un momento a hacer algunas pruebas sencillas.

La presencia del huevo me dio cierta calma. Gané confianza en esta parte de mi cuerpo y también en el plano sexual. De pronto, aprecio el contacto con el huevo yoni.

Carine

Para elegir correctamente el tamaño de un huevo yoni y prepararte para su uso e inserción en la vagina, te vendrá bien comprobar el tono de tu perineo.

Algunas pistas pueden ofrecerte una información rápida acerca de la tonicidad de tu yoni. De hecho, si sientes que tu lubricación durante las relaciones sexuales es escasa, si te falta sensación de deseo, si padeces incontinencia o en el baño no puedes dejar de orinar cuando quieras, entonces lo más probable es que te falte tono.

Es importante identificar esta carencia cuanto antes. A partir de una cierta edad, según la anatomía, partos y demás experiencias, el tono muscular disminuye, lo cual provoca trastornos más o menos graves para la salud femenina.

He aquí tres pruebas para ayudarte a evaluar el tono muscular de tu perineo:

1. En el baño, después de vaciar más de la mitad de tu vejiga, intenta detener el flujo de la orina contrayendo los músculos varias veces. Si puedes, entonces tu perineo funciona normalmente. Si el flujo disminuye pero no se detiene por completo, entonces carece de tono. Finalmente, si no puedes modificar el chorro, entonces el perineo está flojo y es urgente que te ocupes de él. Te explicaré a lo largo del libro las prácticas para tonificarlo.

1. Lávate las manos y acuéstate en la cama. Contrae tu vagina tanto como te sea posible e intenta insertar el pulgar, con la uña del lado del vientre. Si tienes éxito, entonces tu perineo está tonificado. De lo contrario, está demasiado contraído. El ejercicio con huevos yoni pequeños te ayudará a relajarte. Volveremos sobre este tema.

1. Para las más traviesas: Pídele a tu pareja que te ayude insertando un dedo en tu vagina. ¿Siente las contracciones de tu perineo? Cuanto más sientas su dedo en el fondo, más tonificado estará tu perineo. Lo mismo sucederá durante la práctica con el huevo yoni, que colocarás en la parte inferior de la vagina. Pronto te hablaré de esto.

Si tienes cualquier duda, consulta a tu ginecólogo, matrona o fisioterapeuta para evaluar exactamente tu tono.

Comprende y conoce tu yoni gracias al huevo

La inserción de un objeto como el huevo en la vagina no es cosa fácil. Muchas mujeres temen que el huevo se les atasque o desaparezca en las «profundidades» de su cuerpo.

Para ayudarte a superar este miedo, imagina que tu vagina tiene paredes y un techo. El huevo no puede ir a ninguna parte.

Estos primeros temores desaparecerán para dar lugar al trabajo real e interno, con el que empezarán a surgir temores más profundos que solo esperan liberarse.

Aisha Sieburth tranquiliza a muchas mujeres durante los talleres: «Esta parte de nuestro cuerpo suele estar un poco olvidada, un poco oculta o incluso resulta desconocida. Usar el huevo yoni es aprender a descubrir nuestra anatomía, a conocernos íntimamente».

> Al principio me daba miedo el tamaño del huevo; temía que pudiera perderlo dentro de mi yoni.
>
> *Alexandra*

> Tuve muchos temores: que fuera demasiado grande, que permaneciera atascado, que resultara demasiado pesado. Durante varios meses temí mantenerlo dentro de mí durante toda la noche. Pero finalmente llegó el momento ¡y todo salió bien!
>
> *Marie*

Este pequeño curso de anatomía les resultará particularmente útil a aquellas mujeres que sienten todos estos temores y preocupaciones.

Nuestra yoni consta de varios órganos y músculos, todos conectados entre sí en la cavidad pélvica. A nuestra yoni se accede por la vulva, que

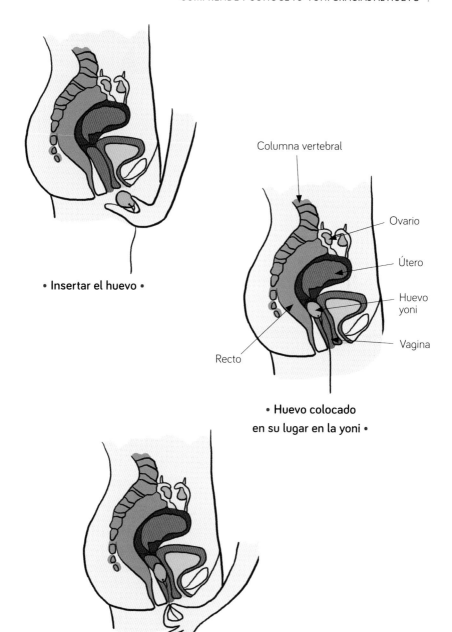

• Insertar el huevo •

Columna vertebral

Ovario

Útero

Huevo
yoni

Vagina

Recto

• **Huevo colocado
en su lugar en la yoni** •

• **Retirar el huevo de la yoni** •

es el conjunto de órganos sexuales externos de la mujer, incluido el montículo púbico, el vestíbulo de la vagina, los labios mayores y menores, el clítoris, los cuerpos cavernosos, los bulbos del vestíbulo y las glándulas vestibulares. Los labios vaginales se abren directamente a la vagina, que es el canal que conecta la vulva con el cuello uterino.

Aquí es donde se localiza el perineo, un músculo precioso, ya que es el músculo (delimitado delante por la sínfisis púbica y detrás por el sacro y el coxis) que permite la tonicidad de todos los genitales externos. De ahí la gran importancia de tener un perineo bien tonificado. Volveremos a hablar del perineo después de esta pequeña explicación anatómica.

La vagina, por lo tanto, conduce al cuello uterino, que es la parte final del útero.

Y por último, el útero, un órgano muscular en forma de cono, compuesto por tres capas de músculos lisos que le permiten contraerse. El interior del útero está cubierto por un revestimiento altamente vascularizado llamado endometrio, que se desarrolla cada mes durante el ciclo menstrual. En ausencia de embarazo y bajo la acción de ciertas hormonas sexuales, el endometrio se destruye, provocando la menstruación. Nuestro útero, conectado por membranas más o menos apretadas, baila, oscila y permanece flexible, lo que le permite encontrar su lugar en nuestro cuerpo y ofrecer la máxima funcionalidad.

Comenzar a tener una visión más clara de tu anatomía femenina es el primer beneficio que obtendrás de la práctica con el huevo. Nuestra yoni es un espacio suave, cálido y amable.

Gracias al huevo, descubrí la textura de mi vagina y su calidez. Cuando recupero el huevo, compruebo con gran emoción que está tibio.

Anne

Accede a las maravillas que esconde el huevo

La práctica con el huevo yoni tiene muchos beneficios tanto para la mujer como para el hombre, y, por tanto, para la pareja. Su objetivo es que puedas conocer mejor tu cuerpo, tu placer, cuidarte a ti misma, ganar confianza, liberar tensiones, recuperar la salud íntima y restaurar la vitalidad y el tono del perineo. **Sus efectos positivos son a la vez psicológicos, físicos y energéticos.**

Comencemos con lo que el huevo nos aporta en el día a día a la mayoría de nosotras.

Efectos positivos en la realización diaria de las mujeres

▶ Aporte de ternura y bondad

Cuidar de nosotras mismas, especialmente cuando las circunstancias que nos rodean son adversas, resulta una obviedad. Sin embargo, no es eso lo que hacemos habitualmente. Al principio, dedicarte un poco de tiempo supondrá para ti un gran esfuerzo, pero te permitirá, como a una planta que recibe riego, recuperar tu brillo y tu alegría. Requerirá cierto trabajo inicial, pero la regularidad y tus deseos de hacer algo bueno acabarán triunfando. Establecerás nuevos hábitos saludables y equilibrados en tu vida diaria como mujer. La práctica te traerá con el correr del tiempo la benevolencia y ternura que a menudo esperas recibir del exterior. **Regalarse dulzura no tiene que convertirse, sin embargo, en una obligación, y menos aún en una obsesión. No se trata de una búsqueda** absoluta de la felicidad, sino de un profundo deseo de hacerse bien a una misma, de prestarse atención y de dedicarse momentos en exclusiva. El hábito se irá asentando con el paso del tiempo. Tomarte tiempo para ti misma en tu vida activa tendrá muchas consecuencias positivas.

▶ Desarrollo de la autoconfianza

La estima, la confianza y la autoafirmación están íntimamente ligadas. Tu forma de verte, tus relaciones y tus habilidades afectarán a tu confianza en ti misma, así como a tu capacidad para actuar, para salir de tu zona de confort, atreverte y observarte a diario con el fin de aprender sobre ti misma.

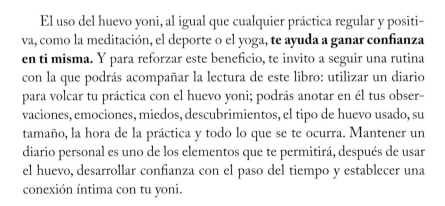

" Recuperé la confianza en mí misma y en mi capacidad de gustarle a un hombre; no me siento un objeto, sino una mujer plena y amada.

Jen "

" Siento que he ganado confianza en mí misma en general. También me ha aportado mucho en cuanto a sensibilidad durante las relaciones sexuales, a pesar de que mi práctica con los huevos acaba de empezar.

Aurélie "

El uso del huevo yoni, al igual que cualquier práctica regular y positiva, como la meditación, el deporte o el yoga, **te ayuda a ganar confianza en ti misma.** Y para reforzar este beneficio, te invito a seguir una rutina con la que podrás acompañar la lectura de este libro: utilizar un diario para volcar tu práctica con el huevo yoni; podrás anotar en él tus observaciones, emociones, miedos, descubrimientos, el tipo de huevo usado, su tamaño, la hora de la práctica y todo lo que se te ocurra. Mantener un diario personal es uno de los elementos que te permitirá, después de usar el huevo, desarrollar confianza con el paso del tiempo y establecer una conexión íntima con tu yoni.

Los testimonios de las mujeres sobre la nueva confianza ganada hablan por sí mismos. He aquí algunos que podrían inspirarte.

> Me siento realmente mejor conmigo misma. Gané confianza en mí y en la vida. Me siento una mujer realizada sin esperar nada de fuera. Tonificada y acompañada.
>
> *Bénédicte*

> Me siento más segura y más mujer. Una deliciosa excitación basada en un mejor soporte muscular.
>
> *Geneviève*

> Por el momento, diré que también me permití pensar en mí misma, en lugar de pensar solo en el bienestar de los demás.
>
> *Hélèna*

> Los huevos yoni producen un efecto profundo en mí. Difícil explicarlo por escrito. Diré que es confianza y sosiego lo que más noto cuando llevo el huevo puesto.
>
> *Axelle*

▶ Revelación de la belleza interior y la feminidad

Tener el huevo en ti te permite, ante todo, ponerte en contacto con tu yoni, familiarizarte con tu esfera íntima y sentirte «más mujer», **para irradiar mejor tu belleza interior.**

> ¿Qué decir después de un mes? Siento que el huevo me permite, a lo largo de los días, aceptarme tal como soy (¡ya era hora!). Noto una nueva sensación de dulzura durante las relaciones.
>
> *Astride*

Muchas de nosotras nos juzgamos, comparamos, sentimos celos, nos criticamos o incluso nos subestimamos con respecto a otras mujeres. Pero sobre todo, somos duras con nosotras mismas, como señala Minke de Vos: «Aunque una mujer sea muy hermosa, considerará que sus senos son demasiado pequeños o demasiado grandes, o sus caderas demasiado anchas». **Si aprendemos a amarnos nos afirmamos, nos atrevemos a ser únicas. Cuanto más aprendamos a amarnos a nosotras mismas y a aceptarnos con nuestros fallos, más luz irradiaremos hacia fuera.**

> Descubrí que podemos cambiar las cosas cuando es necesario, que tenemos un cuerpo absolutamente maravilloso y lleno de hermosas sorpresas, y que el ciclo femenino contiene tesoros secretos que esperan ser desenterrados.
>
> *Sandra*

Ser bella va más allá de nuestra apariencia. Las verdaderas bellezas se confirman desde el interior e irradian hacia fuera. **Es el verdadero carisma, el poder interior de la mujer sobre sí misma, lo que magnetiza y seduce misteriosamente.** El huevo yoni, colocado en ti, en tu vida diaria (durante una cita, una reunión, en el trabajo o en un almuerzo), será un objeto tan secreto, íntimo e invisible que hasta olvidarás su presencia.

La confianza hace que nos sintamos más femeninas, más vulnerables, más abiertas y seductoras. Nos ofrecemos al amor y la atención que esperamos del exterior. La reconexión con nuestra belleza interior y nuestra feminidad se hacen evidentes.

▶ Transformación de la energía sexual

Como hemos visto, el huevo yoni actúa en distintos ámbitos: la dimensión sexual, la dimensión física y muscular, la dimensión energética y la espiritual. Para Aisha Sieburth, «el conjunto de prácticas despierta, transforma y refina gradualmente la energía sexual, permitiéndonos vivir plenamente nuestra intimidad en los planos físico, emocional y espiritual. ¡Esta energía vital es preciosa y sagrada, y su potencial creativo y sanador es enorme! Estamos diseñadas a partir de las células sexuales que contienen todos los recursos del ADN original con los que manifestaremos nuestro destino. La energía sexual es la materia prima básica del proceso de alquimia para mantener una buena salud, para transformar las emociones y para fomentar el despertar espiritual al reconectarse completamente con lo esencial. Se necesita tiempo para aprender y dominar las técnicas, y luego compartirlas con nuestra pareja, ya sean mujeres u hombres».

Pero, ya desde el comienzo de esta experiencia con el huevo, las mujeres van notando cambios rápidos.

> Estoy en pleno redescubrimiento de mi sexualidad con el huevo yoni, porque me divorcié y, hace tres años, rehíce mi vida. Conocí a una persona con quien comparto mucho sexualmente. Mi sexualidad es mucho más dinámica, más inventiva, con muchos más «extras».
>
> *Jeanne*

Descubrir o desarrollar la sexualidad y la energía femenina a cualquier edad es una de las proezas de la práctica con los huevos:

Para las parejas heterosexuales, la penetración es un paso importante, porque es un umbral primordial. Puede suponer una unión increíble. Pero si dejamos entrar a las personas equivocadas, la yoni, muy sensible a la energía, necesitará penetraciones muy fuertes para obtener la más mínima sensación o vibración.

De acuerdo con la sabiduría taoísta, tan pronto hay un acto sexual con penetración sin protección, es decir, cuerpo a cuerpo, comenzamos a entrar el uno en el otro en un nivel kármico muy profundo. Las energías sexuales más pesadas ubicadas en los órganos sexuales llevan dentro de ellas energías ancestrales: el chi ancestral, todo el karma ancestral. Esto significa que nuestros patrones, todo lo que necesita ser sanado, han sido transmitidos por nuestro linaje y se difunde energéticamente.

Durante una penetración completa se tiene la oportunidad de realizar una sanación muy profunda. Pero si abres esta puerta a personas que no sienten mucho amor y con las cuales no tienes fuertes conexiones, entonces todas esas cosas que necesitan ser sanadas comienzan a surgir.

Cuando las emociones afloran en cuanto acabamos de hacer el amor y no podemos compartirlas, nos levantamos por la mañana con la sensación de no saber qué hacer.

▶ Liberación de energías creativas

La energía vital, el chi, es la fuerza universal de la vida. A nivel de tu yoni, el chi puede bloquearse y estancarse. **Llevar tu huevo despertará, movilizará y generará suavemente esta energía alrededor de tu cuerpo.** La búsqueda de energía creativa debe hacerse en total abandono. Es importante que empieces por respirar profundamente para oxigenar el cuerpo.

Cuando las ondas de energía sexual comienzan a elevarse en el cuerpo, los músculos se contraen de forma suave y espontánea. El cuerpo tendrá una expresión más libre, más armoniosa, más distendida... La buena noticia es que el huevo estará allí para acompañarte y liberar gradualmente tu alegría y vitalidad.

Es por estas razones por las que al huevo yoni también se le llama «huevo energético», puesto que permite el acceso a la propia vitalidad femenina. En efecto, el huevo proporciona mucha energía. La práctica principal consiste en fortalecer los músculos. En opinión de Jutta Kellenberger, «cuando hacemos los ejercicios nos sentimos totalmente energizadas, porque el huevo nos da mucha vida y nuestra yoni encierra una gran cantidad de energía atrapada».

Aisha Sieburth me explica:

> La materia mineral del huevo, que proviene de la tierra, es muy noble, capaz de despertar el «caldero sagrado» de nuestra feminidad. Este espacio de energías creativas está conectado, en todo momento, a la energía de la tierra —de los árboles y de todos los seres vivos en relación con nuestra energía sexual—, capaz de engendrar vida. Tenemos el poder de crear vida, ¿no es asombroso?
>
> Esta energía, cuando no está dedicada a la procreación, se pone al servicio de otros proyectos de vida, materiales o espirituales. El huevo

yoni nos apoya en este proceso de creatividad y realización, con el objetivo de mantener nuestro lugar como mujeres en equilibrio entre lo masculino y lo femenino. Nuestras energías creativas estarán entonces en armonía.

Las aberturas de nuestro cuerpo son puertas por las que podemos absorber la energía nutritiva de la tierra para reforzar las energías de nuestras glándulas, nuestros órganos secretores. Todos los flujos pueden circular para limpiar internamente, transformar y luego despertar el fuego de nuestra energía sexual, que, al activarse a partir del fuego del amor de nuestro corazón, se conecta con el espacio interior, con la sonrisa interior. Y en estos espacios de nuestras glándulas, nuestros órganos pueden recibir un alimento que permite limpiar en conexión con los elementos de la naturaleza.

▶ Liberación de los recuerdos del pasado

El huevo yoni no solo te ayudará a liberar tu actividad sexual, sino que te aportará bienestar y confianza, que ya es bastante; sin embargo, hay mucho más en cada una de nosotras: las memorias familiares yoni. **La llamada limpieza «transgeneracional» se puede hacer a través del huevo.** Aisha dice:

> Es una obra de alquimia; es inevitable la transformación. El plomo se convierte en oro, es decir, transmutamos todas nuestras heridas, dolores, dificultades, los obstáculos que hemos podido construir, todo aquello que ha condicionado nuestra vida en esta tierra. Lo que ha permanecido en silencio, las creencias, los pensamientos, todo lo que hemos heredado de nuestras generaciones, y de lo cual no podemos hablar. Las mujeres que nos antecedieron nos legaron una responsabilidad importante, transmitida de yoni a yoni. Eso es maravilloso.
>
> Gracias a esta práctica con el huevo de jade podemos, aquí y ahora, en nuestra vida, comenzar a deshacer todas esas cadenas de sufrimiento y dificultades, y ayudar a todas las mujeres que nos antecedieron. Yo, para empezar, hago mucho trabajo de fondo, un gran trabajo de preparación, que consiste en conocernos, recolectar la mayor cantidad de agua posible, un máximo de fuego en nuestro «caldero sagrado [...]».

Respetar tu cuerpo, honrar a la diosa que hay en ti, venerar tu yoni, que es tu templo sagrado, escuchar sus mensajes, redescubrir su simbolismo a través de los rituales, abrirte a una escucha más justa y personal, te ayudará, con tiempo y una práctica regular, a activar y transformar tu energía sexual y espiritual.

Efectos positivos en la salud íntima

El primer beneficio físico y fisiológico del huevo, como hemos visto, es un mejor conocimiento de nuestra anatomía íntima. La inserción del huevo permite, sobre todo, comprender y sentir mejor esta parte íntima del cuerpo. **Al conocer tu yoni y su apertura (los labios mayores y menores) a través del huevo, notarás rápidamente las tensiones que existen ahí.**

Si sientes pequeños dolores o molestias, explora esta parte de tu cuerpo tomándote tu tiempo y masajeando tu yoni con el huevo de piedra. Modifica la presión de estos masajes en la zona exterior de tu yoni para liberar las tensiones. Puede que sientas emociones, que ciertos recuerdos enterrados comiencen a emerger. Que sean bienvenidos. No los juzgues, solo observa lo que está sucediendo. Aprovecha este desafío, este momento, para mostrar tu bondad hacia ti misma. Mientras juegas, sigue descubriendo tu yoni, sin tratar de contener las lágrimas o la sonrisa. Masajear la yoni con el huevo te permitirá conocerlo y facilitar su primera inserción, que trataré en el capítulo de prácticas de esta guía. Este masaje puede tener un efecto excitante y empezará a lubricar tu yoni.

El huevo invita también a nuevas sensaciones internas. Con el tiempo, podrás sentir diferentes partes de tu vagina, su textura y calor. Si mantienes una mente abierta y curiosa, el conocimiento de ti misma y de esta parte de tu cuerpo —que a menudo sigue siendo un tabú— te llevará a una mayor realización diaria. Poco a poco, tu yoni no tendrá más secretos para ti, como Florence me confió en su testimonio:

> El uso del huevo me permite sentir mejor el interior de mi yoni, para hacerme más consciente.
>
> *Florence*

▶ Tonificar el perineo

Un perineo tonificado es un perineo que está en forma y que podemos sentir.

Con la prueba de tonicidad que se describe en este libro y los consejos de tu médico o fisioterapeuta, ahora serás consciente de la importancia de cuidar el tono muscular de esta zona. ¡Ser proactiva en este proceso es lo mejor!

> Mis expectativas con los huevos yoni eran rehabilitar mi vagina, que estaba muy floja, a pesar de que nunca he tenido hijos, y ver si podía aliviar una perimenopausia que llegaba un poco antes de lo previsto.
>
> *Anne*

Si está demasiado contraído o demasiado flojo, sin tono o sometido a una tensión excesiva, el perineo es menos sensible al placer, al acto sexual; pero, sobre todo, no podrá garantizar toda su funcionalidad, esencial para nuestro cuerpo.

Tener una yoni «ultramusculosa» no es el objetivo, e incluso podría tener efectos negativos, como entumecimiento, dolor o un cambio en el flujo sanguíneo. El huevo permitirá que algunas mujeres relajen sus tensiones.

> Compré un huevo yoni lo suficientemente pequeño para rehabilitar un perineo muy contraído desde siempre.
>
> *Valentine*

El objetivo es, sobre todo, prevenir la flacidez de los órganos (que conduce a la pérdida de la tonicidad vaginal) y conseguir el funcionamiento óptimo del cuerpo.

> Noté una mejora muy rápida en el tono de mi perineo,
> así como un aumento general de energía y bienestar.
> *Pauline*

Los músculos del suelo pélvico son como una hamaca que sostiene nuestros órganos. Comienzan en el hueso púbico (por delante) y se extienden hasta la columna vertebral (por la parte posterior). Y, tal como sucede con una hamaca, el suelo pélvico puede desgarrarse, desgastarse, colapsarse y, en ocasiones, provocar un descenso de los órganos. La incontinencia urinaria, la sequedad vaginal, el exceso de lubricación, la libido baja, el dolor pélvico o la vagina relajada son las consecuencias de la falta de tono en esta parte de nuestra anatomía.

Aisha Sieburth explica:

> Querer comenzar la rehabilitación perineal es, ante todo, tener claro qué es el perineo, dónde está y cómo funciona. El perineo está compuesto por una gran cantidad de músculos que coexisten y actúan juntos. Estos músculos están activos. Su interacción facilita el mantenimiento adecuado del suelo pélvico y sus estructuras. Ciertos tejidos (ligamentos o fascias) permiten que los músculos sostengan los órganos, así como todas las estructuras del abdomen inferior. De la misma manera, estos tejidos y todos los músculos del perineo controlan la apertura de la vagina, el ano y la uretra. Los músculos del suelo pélvico y la parte inferior del abdomen están controlados activamente por los circuitos nerviosos del cerebro y la médula espinal. ¡Tu salud y estado físico dependen directamente del buen tono de tu suelo pélvico! Los huevos yoni contribuyen maravillosamente a este proceso.

La inserción del huevo se acompaña de una serie de ejercicios de contracción y relajación que permiten tonificar el perineo a través del canal vaginal. El uso proactivo del huevo yoni a lo largo de la vida contribuye a una salud buena y equilibrada.

▶ Evitar que los órganos desciendan

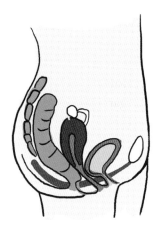
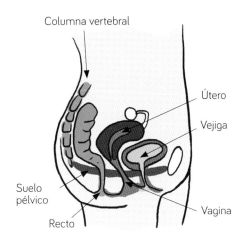

Columna vertebral

Útero

Vejiga

Suelo pélvico

Recto

Vagina

• **Suelo pélvico debilitado** •   • **Suelo pélvico normal** •

A la izquierda, vemos que el suelo pélvico se debilita, los órganos se colapsan y descienden. Podemos notar que la vagina está tonificada y firme cuando el suelo pélvico también lo está.

Mantener los músculos del suelo pélvico fuertes y sensibles requiere una práctica regular con el huevo yoni. Pero eso no será suficiente si el debilitamiento ya está muy avanzado. La opinión de un médico o un fisioterapeuta permitirá verificar si hubo un descenso de órganos y actuar en consecuencia. El huevo se utilizará para complementar la práctica médica, continuarla o evitar que los órganos caigan.

«El descenso de los órganos suele estar relacionado con la falta de energía y de conciencia de la pelvis. Para despertar la energía de esta última es suficiente con realizar movimientos y redondear el sacro con el perineo, combinando esta actividad con la respiración. El huevo yoni proporciona un excelente soporte para fortalecer los músculos y los ligamentos», nos dice Aisha Sieburth.

▶ Regularizar los ciclos, aliviar la menstruación dolorosa y el síndrome premenstrual

El síndrome premenstrual (vientre inflamado, calambres, tensión en los riñones, fatiga, senos hinchados, dolores de cabeza, cambios de humor, retención de líquidos, náuseas, diarrea), los periodos dolorosos y los ciclos irregulares son la preocupación de muchas mujeres.

Pero todavía hay soluciones naturales, incluida la práctica del huevo yoni, que **mejoran la experiencia de los ciclos.**

Tengo ciclos muy largos, de alrededor de cuarenta y cinco días, y periodos abundantes (no tomo anticonceptivos). Pero desde que practico con el huevo, mis ciclos son más cortos, todos los meses, y las reglas menos abundantes.

Émeline

Soy más consciente de los músculos de mi vagina. Mi útero se ha relajado. Antes, era un nido de tensión muy dolorosa (dolores menstruales, dolor durante las relaciones sexuales, al estar de pie, acostada, dolor en la parte baja de la espalda...).

Sophie

Aisha Sieburth también nos confiesa que tuvo periodos dolorosos: «Cuando era joven, tenía periodos muy dolorosos. El descubrimiento de esta práctica de masaje con un huevo fue una revelación. ¡Increíble! De un ciclo a otro, no tuve más dolor, desaparecieron todos esos síntomas, y las migrañas. Mis reglas se han vuelto cada vez más cortas».

Estos son sus consejos:

El sistema hormonal se interrumpe a lo largo del ciclo ante el estrés, según las emociones, la dieta, el ritmo de la vida... Todos estos factores debilitan el vínculo de comunicación entre las glándulas, que poco a poco se estancan y detienen el flujo de la energía en los órganos de la región pélvica. Al igual que con cualquier obstrucción, debe-remos mover el cuerpo con suavidad y profundidad para liberar estos bloqueos y poner la pelvis en movimiento. Podemos volver a conectar las glándulas y sus funciones mediante automasajes en el vientre y los senos combinados con las prácticas del huevo yoni y técnicas de res-piración. Estas actividades pondrán todo nuevamente en circulación, tonificarán las energías sexuales y equilibrarán los ciclos. Esto aliviará los síntomas (incluso en mujeres muy jóvenes) derivados del estanca-miento de la energía del hígado y la sobrecarga de las glándulas con exceso de trabajo: retención de líquidos, dolor en los senos, problemas de la piel, trastornos gastrointestinales, náuseas, pesadez en la pelvis, dolor de cabeza, irritabilidad, nerviosismo o depresión.

El huevo yoni no debe utilizarse durante la menstruación. Nuestra yoni necesita descanso y espacio para liberar mejor la sangre menstrual. Si decides probar tu huevo yoni durante el periodo, no lo mantengas por más tiempo que un tampón y toma aún más precauciones para limpiarlo, a fin de evitar cualquier riesgo. Hablaré en detalle sobre la limpieza del huevo en próximos capítulos.

▶ Prepararse para el parto

Un parto natural será más o menos fácil en función del tono muscular de la yoni. Cuando una mujer se entrena con el huevo unos pocos meses antes de quedar embarazada, la yoni adquiere más poder y tono, lo que permite a la mujer controlar la expulsión del huevo. De hecho, la mujer siente cada vez más control, energía y poder para evacuar el huevo.

Muchas dejarán de usar el hilo que se enhebra al huevo perforado y que permite extraerlo, como un tampón, al comienzo de la práctica. Esto se explicará en el capítulo sobre cómo usar el huevo yoni. Tu yoni se irá volviendo más y más flexible. **Una mujer entrenada sabrá cómo usar su nueva potencia «yonina» para facilitar el parto, que algunas sienten como un orgasmo.**

El uso del huevo yoni durante el embarazo es un tema delicado y poco recomendado por los expertos. Los primeros tres meses de embarazo son de riesgo y es posible sufrir un aborto espontáneo. Las mujeres que han empezado a practicar con el huevo más de seis meses antes de la concepción y que lo usan regularmente, confiando en su práctica y escuchando a su cuerpo, pueden, durante periodos cortos, mantener el contacto con su yoni para preservar esa sensibilidad. Sin embargo, se les aconseja no llevar el huevo durante el embarazo mientras duermen.

Beneficios preventivos y reparadores

La práctica con los huevos yoni también puede tener beneficios cuantificables en la prevención o **detección de problemas de salud.** Nada sorprendente en sí mismo, ya que, al estar más atentas a nuestra yoni, sentimos mejor y más rápido y percibimos si algo está mal. **El huevo te ayudará a obtener información para mejorar tu yoni, y debes acudir a tu médico o ginecólogo tan pronto como lo consideres necesario.** La práctica con el huevo después de una intervención médica importante, como un parto difícil o una cirugía, también te ayudará a recuperarte más rápidamente. Varios ejemplos concretos lo confirman.

Así lo explica Aisha Sieburth:

> Se pueden usar los huevos de jade en caso de histerectomía (extirpación del útero), excepto contraindicación médica. Puede incluso resultar particularmente beneficioso, ya que este tipo de operación genera un «vacío» físico y energético. La práctica consciente y suave con el huevo yoni puede proporcionar una presencia física y energética tranquilizadora, apoyando los tejidos internos, ayudándolos a estabilizarse y reforzando las secreciones hormonales. A partir de ese momento, los órganos, glándulas y vísceras pueden ocupar el lugar del vacío y, a veces, incluso reemplazar algunas de las funciones que tenían el útero y los ovarios. Esto generará más energía, revitalizará y optimizará la recuperación y la curación.

▶ Rehabilitación después de un parto difícil

> *Fue después de mi parto; me hicieron una episiotomía que terminó en desgarro e infección: una catástrofe. Dejé de tener sensaciones durante las relaciones sexuales y comencé a sufrir incontinencia urinaria... ¡Y con treinta años! Mi homeópata me aconsejó que probara «métodos alternativos». Invertí en un huevo yoni ¡y qué bien hice!*
>
> *Laurence*

▶ Detección de la presencia de un fibroma

> *La primera semana, el huevo me permitió percibir una punzada, una molestia inexplicable. Pedí una cita con mi ginecólogo y este descubrió un viejo fibroma del tamaño de una pelota de golf. Gracias al huevo, que me dio el aviso.*
>
> *Brigitte*

▶ Incontinencia urinaria

La incontinencia urinaria afecta a cerca de un cuarto de las mujeres en Francia. Lo más habitual es la incontinencia de esfuerzo o la incontinencia relacionada con la edad, que consiste en soltar una pequeña cantidad de orina involuntariamente al estornudar, al toser o al realizar esfuerzo físico o deportivo. Se puede presentar en mujeres muy jóvenes durante una intensa práctica deportiva o después del parto. Durante la menopausia, las mujeres se vuelven fácilmente propensas a estos trastornos debido a la debilidad muscular.

En todos los casos, la incontinencia urinaria de esfuerzo se debe a un aflojamiento del esfínter urinario, el músculo que rodea la uretra y cierra la vejiga, o a un aflojamiento de los músculos perineales. Los ejercicios con el huevo yoni fortalecen los músculos del suelo pélvico para que la vejiga permanezca en su lugar y la uretra esté bien cerrada. Si los ejercicios con el huevo se hacen regularmente, las mejoras aparecen después de pocas semanas de práctica. Como cualquier músculo, los del suelo pélvico deben usarse con frecuencia y constancia para mantenerse vigorosos.

Sexualidad y libido

▶ Estimulación de la lubricación e hidratación vaginal

La sequedad vaginal todavía es un tema tabú y rara vez es menciona-da por las mujeres. A menudo sale a la luz como resultado de una sensa-ción de incomodidad, ardor durante las relaciones sexuales o pérdida de deseo. La sequedad está relacionada con la falta de hidratación o lubrica-ción vaginal. Estos dos fenómenos son independientes, pero se hallan íntimamente ligados en las mujeres.

La osteópata Corinne Léger explica: «La hidratación vaginal es la humedad natural de la vagina. La lubricación se origina con la excitación sexual; es un humedecimiento adicional que se realiza a través de los poros de la mucosa vaginal. —Y añade—: El huevo yoni mejorará la humedad natural, pero además facilitará la lubricación. En caso de seque-dad vaginal, es recomendable utilizar una crema natural o aceite de coco para promover una mejor lubricación externa e íntima y permitir la in-troducción del huevo; el uso de este y los ejercicios realizados con él ayudarán a humedecer mejor la vagina».

Muchas mujeres confirman que el huevo yoni les ha permitido mejo-rar la lubricación y humectación de su vagina.

> Algún tiempo después de usar el huevo, empecé a disfrutar de una lubricación mucho mejor. Volví a tener secreciones vaginales que no notaba desde mi perimenopausia. Y mi periodo regresó después de seis meses de ausencia.
>
> *Cathy*

▶ Dinamización y reequilibrio de la libido

La libido —término que hace referencia a la búsqueda de placer y al deseo sexual— es específica de cada mujer. Antes de continuar con el tema, aclaremos que no hay libido «normal» o ritmo sexual «normal». Dicho esto, una disminución de la libido puede deberse a varias razones.

La falta de libido está fuertemente relacionada con el estrés, las dificultades laborales, la fatiga, el dolor durante las relaciones sexuales, las enfermedades, los tratamientos medicamentosos o las preocupaciones.

> Con el huevo, mi libido comienza a despertarse.
> Tengo ganas de «renacer». Me separé de mi pareja
> hace dos años y pensé que la había perdido.
> *Delphine*

La rutina diaria también tiene su parte de responsabilidad. Será necesario consultar a un sexólogo o un especialista para determinar si esta situación se ha desencadenado hace poco, si se ha establecido desde hace tiempo o tiene relación directa con la pareja.

Aprender a amarnos a nosotras mismas, a nuestro cuerpo, y descubrir al otro forman parte de las etapas naturales de realización de nuestra vida. **Más tarde, los masajes, los besos, la diversión y los mimos pueden «autoadministrarse» si no proceden de un compañero o si estamos solteras...** ¡Y habrá aún menos excusas con el uso del huevo yoni!

Es cierto que nuestro cuerpo nos habla y que no siempre nos tomamos el tiempo necesario para escuchar sus mensajes. A través de la práctica con el huevo yoni, las mujeres adquieren conciencia de la importancia de destinar tiempo a cuidar esta parte de su cuerpo y escuchar lo que tiene que decirles. El huevo les permite reconectarse con ellas mismas mediante gestos suaves, atentos y sanadores.

«El huevo yoni aporta más energía a este espacio del cuerpo y, de repente, la energía sexual se renueva. Aumentará el nivel de agua vibratoria, el placer y la frecuencia orgásmica. Es el equilibrio entre la emoción y la relajación, y por eso es tan sanador para una mujer experimentar esa sensación. Esta práctica nos permite llenar un vacío sin pedir cuentas a nadie», afirma Aisha Sieburth.

Tu yoni se sentirá escuchada, comprendida, y te guiará hacia los siguientes pasos, ya se trate de consultar a un especialista o de hacer ejercicios regulares con el huevo. Muchas mujeres experimentan una mejora en su libido con el uso del huevo, ya que afecta tanto a la salud íntima como al desarrollo y la liberación de la tensión».

Mi libido es claramente más fuerte, mi yoni está más tonificada y me siento más mujer, más arraigada.
Émilie

Trabajar sobre una misma parece algo natural. El huevo yoni no es la única herramienta que tienes a tu disposición. Alternar los periodos de uso y descanso te ayudará a comprender mejor tu cuerpo, escuchar tus deseos y hacerte consciente de esta parte sagrada de tu cuerpo. Además, aumentará tu confianza en ti y, por lo tanto, en tu feminidad.

 Me di cuenta de que mi bienestar también procede de una energía vital que circula bien en mi cuerpo, y he notado que mi libido florece como parte de este proceso.
Loriane

Respetar y honrar a tu yoni como un templo sagrado te da más razones para celebrar la vida y encontrar una comunicación tal vez perdida o nunca establecida con ella.

Si tu libido es demasiado importante, el huevo también puede ayudarte.

«¿El fuego está apagado o desbordado? En ambos casos, es una cuestión que puede arruinar o mejorar la vida, dependiendo de cómo elijas gestionarla. Es mejor aprender a canalizar la energía sexual para que no te conviertas en su esclava», dice Sieburth.

▶ Intensificar los orgasmos

Caricias preliminares, posturas, respiración, comunicación, ondas, ritmo, estimulación, entrenamiento, orgasmos: ¡vivimos hablando de ellos! Hay muchos consejos sobre este tema. **¿Cómo no querer más orgasmos? Un momento excepcional en que se libera toda la energía del cuerpo, en que la mente se detiene, en que se está en comunión con la vida y en que el tiempo y el espacio ya no existen.** Sí, el orgasmo es lo que más nos conecta con el universo, tanto que algunos buscan en las terapias de espiritualidad, meditación, yoga o energía esa sensación. Se puede acceder al séptimo cielo a través de un orgasmo intenso, que favorece aún más la liberación. Entonces, ¿cómo no pedir más?

«Esta energía, cuando se eleva, puede abrir el corazón y la mente, y subir hasta la coronilla. Y cuando esto sucede, experimentamos la vivencia orgásmica de disolvernos en el todo y formar parte del universo, o más bien recordar que todos hemos sido parte del universo. En mi opinión, este es realmente el gran misterio espiritual de la sexualidad sagrada», explica Shashi Solluna, experta en tantra.

No existe un botón mágico para el orgasmo ni una técnica que funcione siempre. **Aumentar tus orgasmos requiere una mejor comprensión de tu cuerpo, una mejor escucha, una gran relajación y el tan deseado *let it be*.** No tiene sentido ir demasiado rápido: «Las mujeres son como el agua: tardan mucho tiempo en hervir. El hombre es como el fuego: le lleva poco tiempo emocionarse y encenderse», dijo Mantak Chia en una conferencia que organicé en París.

«¡No porque hayamos entendido cómo hacer para que una mujer disfrute, una vez, tendremos éxito la próxima actuando de la misma manera!», añade José Toirán, una antigua estrella del porno que ahora es un experto instructor taoísta.

Pero no solo gozamos en la cama o en las relaciones. El disfrute es una forma de ver la vida, de deleitarse con cada momento que vivimos. Es reconocer lo mejor de cada cosa, recibir y tomarse el tiempo para complacerse. ¡Es un verdadero sí a la vida y a una misma!

Alcanzo el orgasmo cuando llevo el huevo y me acaricio. Esto para mí es un avance.

Sophie

Busco tener una sexualidad más satisfactoria, poder «disfrutar» en todos los sentidos de la palabra, estar más en armonía con mi cuerpo y con mi alma.

Perrine

▶ Del clítoris al cerebro

De las diferentes entrevistas que he hecho en los últimos ocho años sobre sexualidad aprendí que existen varios tipos de orgasmos: el orgasmo del clítoris, el orgasmo del útero y el del cerebro.

Según Jutta Kellenberger, «la mayoría de las mujeres tienen problemas para alcanzar el orgasmo; otras logran tener un orgasmo de clítoris, pero no sienten nada dentro de su yoni. En cuanto a los orgasmos del útero o del cerebro, para muchas son desconocidos». Y prosigue explicándome que «cuando la energía comienza a fluir, regresa al corazón y luego al cerebro como una fuente». **Una vez que se domina el orgasmo del clítoris, es el orgasmo vaginal, el del punto G, el que debe trabajarse.** Se trata de un orgasmo sagrado, porque va acompañado de la eyaculación femenina, que supone una gran liberación emocional, y una limpieza y liberación de recuerdos. La práctica con el huevo yoni preparará a la mujer para estas etapas.

▶ Un despertar de la sexualidad a cualquier edad

La industria del porno, con los miles de millones que genera, ha desacralizado el sexo vaciándolo de sentido y menospreciando a la mujer. José Toirán explica qué fue lo que le hizo evolucionar en lo personal y decidirse a abandonar la industria pornográfica tras siete años de actividad, para trabajar como entrenador y sanador sexual: «Tuve que aprender a retener mi eyaculación. Las escenas eran infinitas y no podía eyacular cuando quería. Esto no es natural. Todo está calculado y filmado para simular que estamos disfrutando y que las escenas son verídicas, pero no lo son. Muchos actores terminan consumiendo drogas, con problemas psicológicos y de salud, atrapados en la trampa del dinero y el poder. La industria del porno y los miles de millones que genera sigue causando mucho daño».

Estar a la altura de las estrellas del porno no es factible, viable ni deseable, incluso consumiendo estimulantes. Jutta Kellenberger explica: «La sexualidad está conectada a nuestra energía vital. No es algo separado. Cuando nuestra energía vital es baja, necesitamos café, estímulos, porque estamos cansados y tenemos que sobrevivir hasta el fin de semana. La gente hace muchas cosas nocivas para "energizarse"; no se dan cuenta de que se están haciendo daño».

Al contrario de algunos, José evolucionó en su profesión y optó por abandonar la industria porno gracias a las prácticas taoístas y tántricas que más tarde él mismo enseñaría en todo el mundo. «Aprendí del trabajo de Mantak Chia, en cuyos libros se enseña a alcanzar el orgasmo sin eyaculación. Fue una verdadera revelación para mí. Nunca me habría imaginado que el cuerpo tuviera esta habilidad. Una nueva vida y un aprendizaje más profundo me permitieron ofrecer mis habilidades a las mujeres y a los hombres para enseñarles a vivir su sexualidad de manera diferente a lo que habían aprendido a través de la industria del porno o de experiencias dolorosas. —Y añadió—: Todo es enmendable y no estamos condenados a vivir con nuestras experiencias dolorosas. Estoy convencido de que la curación es posible para todos. No es humano vivir con recuerdos traumáticos que nos limitan durante el resto de la vida».

A cualquier edad, las mujeres redescubren su cuerpo y los placeres de una sexualidad más satisfactoria. Esta se transforma en un ritual, un momento de alegría y libertad. El placer, el orgasmo, la libido y la energía continúan desarrollándose hacia alegrías que, más allá del placer, tienen sentido. Todo ello comienza con una mejor comprensión de la yoni, los sentimientos y el placer propio, y con un mayor respeto por una misma y el acto en sí. Shashi Solluna utiliza una acertada imagen para explicar esta idea: «Si tenemos un templo sagrado, bellamente decorado, no queremos que nadie entre con la botas cubiertas de lodo. Tratamos el templo con delicadeza, lo cuidamos. Se espera que cuando la gente acuda, vaya limpia y se incline antes de entrar, haciendo una reverencia frente a las puertas abiertas del recinto».

Con el transcurso de las prácticas con el huevo yoni, la mujer deseará tener relaciones con parejas que la respeten, que se tomen su tiempo y se adapten a la diosa que es, para dejar que las puertas de su yoni expresen la inmensa gratitud que siente por tener amantes que honran su fragilidad, belleza, poder y gentileza. Será un nuevo comienzo.

Me dejo invadir por el placer sensual. Mi sexualidad ha mejorado; pero, sobre todo, la forma de ver mi cuerpo se ha suavizado. Lo más sorprendente ha sido el cambio en mi guardarropa. Me permito usar ropa que parece más acorde con mi feminidad.

Julie

▶ La iniciación de las mujeres jóvenes al cuerpo y la sexualidad

La importancia de vivir una sexualidad satisfactoria no siempre se discute libremente con las mujeres más jóvenes. El aprendizaje sobre el cuerpo de la mujer realizado a través de imágenes y vídeos que circulan en Internet no le dará al hombre las pautas que necesita sobre las capacidades de disfrute y placer femenino, y la mujer no encontrará la satisfacción profunda que tanto busca.

Aprender a conocer tu cuerpo, tu energía vital y tu belleza interior, y transmitir ese conocimiento a otras mujeres, de generación en generación, es una costumbre que se ha perdido. En algunas partes del mundo y en algunas tradiciones, las mujeres se reúnen y los hombres forman círculos de varones, acompañados por un maestro, para recibir educación y descubrir una sexualidad sagrada. Antiguamente, en Asia, mujeres y hombres practicaban solos, cada uno por su cuenta, la sexualidad. Antes de buscar una pareja, dedicaban mucho tiempo a masajear sus propios senos, usaban el huevo de jade y muchas otros elementos para abrir su propio cuerpo energético y activarlo.

Shashi Solluna se lamenta: «Actualmente los adolescentes se apresuran a buscar a cualquiera que les ofrezca lo que sea, y se relacionan con personas que, en cuanto a energía, no saben lo que hacen en absoluto. Se comunican torpemente, se aturullan y, en general, no hay mucha activación de la energía. En el ámbito de la intimidad, todo se ha convertido en un pequeño caos y desorden. Resulta lamentable que hayamos perdido los lugares dedicados a la educación, los templos donde los adultos iban, en la adolescencia, a aprender a trabajar sus energías. Son muchas las energías que pueden activarse a esta edad, pero nadie sabe realmente cómo canalizarlas. Necesitamos aprender a esperar, porque queremos llegar a conectarnos en varios planos distintos. Queremos unir personalidades, energías; queremos bailar, jugar, respirar juntos y también pasar tiempo en una intimidad no puramente sexual: besar, tocar, acariciar y esperar a que el cuerpo hable».

El huevo yoni permitirá a las mujeres más jóvenes descubrir su cuerpo tomándose el tiempo necesario para acariciarse y masajearse con su huevo. Será una oportunidad para que levanten el velo de los secretos externos e internos de su yoni y así descubran su sexualidad manteniendo todo el respeto hacia su cuerpo.

El huevo es generoso ¡también para el hombre y para la pareja!

▶ Para el hombre

¿Sabes que no somos las únicas que podemos beneficiarnos con la práctica del huevo? Los hombres también pueden sentir la transformación de nuestra yoni en muchos aspectos.

Por lo pronto, existe un beneficio directo del que pueden disfrutar los hombres: la relación de pareja se beneficia si el perineo se halla bien tonificado y las contracciones vaginales están controladas.

A los hombres les encanta hacer el amor con una mujer cuya yoni esté bien tonificada, para gozar momentos aún más deliciosos. Si hacemos el amor con una vagina un poco relajada, tendremos menos sensaciones. Será menos divertido.

«¡La mejor manera de conservar a tu hombre es tener una vagina tonificada!», dice Mantiak Chia.

Sobre este tema, Shashi Solla, experta en masaje taoísta (*chi nei tsang*) entrenada por Mantak Chia, me confesó en una entrevista: «Cuando te entrenas con el huevo de jade, después de un tiempo el cuerpo comienza a contraerse como cuando haces el amor con un hombre, y este se sentirá atraído por la tonicidad de las paredes vaginales. Es muy intenso, muy sorprendente y muy fuerte para el hombre sentir eso. Y también para la mujer, ya que se ve capaz de usar todos los músculos de su vagina y no solo una parte de ella. Esto genera muchas sensaciones y mucho placer».

Aisha Sieburth desarrolla este aspecto: «Hacer el amor con la persona que amamos es una excelente oportunidad de fusionarnos, de despertar la vibración orgásmica tanto como nos sea posible y de alcanzar el orgasmo no solo con nuestros órganos sexuales, sino también con nuestras glándulas, con nuestros órganos y con nuestra médula espinal. El resultado de las relaciones sexuales no es solo alcanzar el orgasmo, sino el nirvana. Para lograrlo se necesita práctica».

▶ Para la pareja

Hacer ejercicios con el huevo ayuda a contraer mejor la vagina y, por lo tanto, a controlar mejor y sentir más placer. La intensificación de los orgasmos hace posible cultivar en pareja una vida íntima sensual y llena de placeres. **Practicar juntos facilitará la aceleración de una plenitud conjunta.**

Muchas mujeres emprenden solas este viaje de conocimiento. El huevo será una oportunidad para que compartan una herramienta que podría desafiar a su pareja de manera diferente y contribuir a su apertura. Muchas me han dicho que no hablaban a sus cónyuges sobre el huevo. Si quieres que estos momentos privilegiados sigan siendo tuyos, mantén tu práctica en secreto; pero si te mueres de ganas de hablarlo con la persona que amas, ¡hazlo! Puede que te sorprenda gratamente su reacción y que sea el comienzo de momentos deliciosos. En el último capítulo de este libro explicaré ciertos rituales de pareja. Si estás manteniendo una relación con un hombre o una mujer, ¡verás cuánto aprecian el cambio!

Mi compañero reaccionó bien, feliz con el hecho de que yo explorase mi feminidad. Juega a adivinar cuándo lo llevo puesto y cuando no, fijándose en mi estado de ánimo.

Émeline

> Disfruto de los beneficios de contar con un compañero
> abierto a la práctica de una sexualidad consciente.
>
> *Béa*

Confía, habla con él sin reparo. Seguramente te sorprenderás por su capacidad de escuchar y sus reacciones. Muchas mujeres me lo han confesado.

Que los hombres manifiesten su interés —o lo declaren abiertamente— por la práctica con el huevo yoni puede llevar tiempo. Para Nath y Sophie, el huevo ha cambiado la relación de pareja, porque ha producido transformaciones en su propia feminidad.

> No hablé de ello con mi esposo; es muy escéptico. Pero noté que
> su placer había aumentado, y eso que llevamos veinticinco años
> juntos. ¡Todavía no se ha hecho ninguna pregunta!
>
> *Nath*

> Mi compañero (durante treinta años), y padre de mis
> dos hijas, finalmente se alegra de mi entusiasmo. Está
> realmente feliz por mí… y por él…, incluso aunque no
> termine de entender del todo estas cuestiones.
>
> *Sophie*

Elige bien
tu huevo yoni

▲▲▲▲▲▲▲▲▲▲

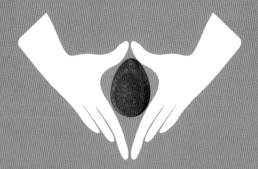

Adaptado a todas las etapas vitales de la mujer

El huevo yoni se adapta a todas las edades y estilos de vida, a las mujeres más activas sexualmente y a aquellas que han perdido el deseo. Acompañará a la mujer desde una edad temprana para descubrir su cuerpo, permitirá que las personas solteras recuperen la confianza en sí mismas, ayudará a las madres jóvenes a tonificar su perineo y ofrecerá durante la menopausia un magnetismo seductor. Los beneficios no serán los mismos; la práctica, el tamaño y el tipo de piedra del huevo tampoco.

En la cima de tu vida sexual

Es la etapa de nuestra vida en que nos sentimos más confiadas, en que empezamos a conocernos mejor y, por lo tanto, a refinar y a sublimar nuestros deseos, a elegir mejor a nuestro compañero y a saber qué quiere y qué no quiere nuestra yoni. Es el momento perfecto para la práctica del huevo. Porque incluso en esta etapa de nuestra existencia, queda mucho por descubrir acerca de una misma. Es el momento perfecto para continuar con la liberación de la energía creativa, revelar tu poder, afirmar tu energía sexual y escuchar la sabiduría de tu yoni.

Esta energía se puede utilizar para cocrear tu vida, de un modo activo y positivo. **El placer común aumentará y alcanzará dimensiones desconocidas para la mujer; tendrás un mayor control sobre el cuerpo y los orgasmos.** Ha llegado el momento de expresar lo sagrado femenino oculto en ti. Luego puedes abandonarte completamente a tu intuición para elegir el tamaño del huevo que mejor se adapte a tus deseos y preparar los próximos pasos de tu búsqueda.

A las más traviesas o con mayor apetito sexual, el huevo les permitirá encontrar equilibrio con su pareja, si alguna vez él o ella se han visto superados por semejante energía sexual. Eres libre de elegir cómo y para qué fines usar el huevo. Puede ayudarte a sentir un mayor control de la yoni, a variar los juegos preliminares o a equilibrar ciertas necesidades no satisfechas.

A Carine, por ejemplo, el huevo le ayuda a canalizar su energía sexual:

> No lo uso a menudo para el tono muscular pero sí cuando la libido es importante; es una buena ayuda.
>
> *Carine*

Dorothée progresó en su práctica cuando sus metas cambiaron:

> Mi primer objetivo fue fortalecer mi perineo, pero ahora lo uso como un juguete sexual.
>
> *Dorothée*

Con el tiempo, algunos también descubrirán el placer de «tocar la flauta» con su yoni... ¡Sí! ¡Pero no es exactamente el tipo de flauta o melodía que piensas! Con esa expresión me refiero a experimentar, con tu pareja y contigo misma, orgasmos usando los músculos de tu yoni, sin moverte, simplemente mediante ligeras pulsaciones.

Mantak Chia enseña esta técnica avanzada, que puede parecer complicada al principio. Consiste en mover con plena conciencia durante cinco minutos el huevo en las tres partes de la vagina: el conjunto de los músculos situados en la entrada de la yoni, una zona mediana donde el huevo a menudo se instala de manera natural y la que está en la parte superior, cerca del cuello uterino. No hace falta decir que aprender esta práctica requiere mucha paciencia pero que es muy eficaz. Comenzaremos con un huevo grande para, progresivamente, ir a un tamaño pequeño. Volveré a las diferentes prácticas y rituales en los capítulos 3 y 4 de este libro.

ELIGE BIEN TU HUEVO YONI

Solteras

Cuando estamos solteras, buscamos siempre el amor y las relaciones. La soltería no siempre es fácil de manejar frente a la sociedad y a las propias dudas. Si estás buscando amor, vive este periodo plenamente, déjate llevar, enamórate de ti misma, ¡hazte bien! Aprovecha para encontrarte y reconectar contigo misma. Entonces estarás más preparada para abrirte a nuevos encuentros y sentirte mejor. Gracias al huevo, no sufrirás tanto este sentimiento de espera. Estarás instalada en tu feminidad, en la apertura, sin caer en los brazos del primero que se presente. Personalmente, me di cuenta de que ya no atraía a los mismos hombres y de que estaba caminando hacia el amor de mi vida. **Al usar el huevo yoni durante el día y durante una cita de amor, sentí que mi energía se «reciclaba» en mí y que podía conservarla, que ya no la compartía con todo el mundo.** Al reenfocarme en mí misma, gané confianza, autonomía y sensualidad. Y no soy la única que ha conocido este fenómeno con el huevo durante este periodo de soltería.

> Tomé conciencia de mi cuerpo y me siento más mujer. De ahora en adelante, será más fácil para mí tener un compañero, lo sé. Me resultó difícil mantener una relación; algo se había destruido en mí y no sabía qué. Con el huevo, me siento mejor con mi cuerpo.
>
> *Catherine*

> Soy soltera. Después de dos meses de práctica, ya no uso el huevo de la misma manera. Estoy más atenta a mi cuerpo y noto unas sensaciones energéticas increíbles. Conozco bien mi cuerpo; soy adepta a la masturbación, pero esta práctica del huevo es más que sexual.
>
> *Marie*

Ahora me siento más «viva», vinculada a lo sagrado femenino que hay en mí. Estoy más tonificada y soy más consciente de esta parte de mi cuerpo. Me hicieron una histerectomía debido a un cáncer y en un extremo de la vagina tengo varios puntos de sutura.

Céline

Con dificultades de tipo sexual

El huevo representa para muchas mujeres un medio de reconexión con su cuerpo y hace posible liberar ciertos recuerdos y energías almacenados que tienden a extinguir la llama y el deseo sexual. También ayuda a redescubrir, mediante los rituales explicados en el capítulo cuarto, la belleza y la emoción del cuerpo. **Poco a poco, con la práctica, volverá la plenitud, así como nuevas ideas y gestos que contribuirán, si esa es la intención, a un renacimiento sexual.**

Jutta Kellenberger explica: «Si una mujer no ha tenido relaciones sexuales durante mucho tiempo, probablemente haya mucha tensión dentro de su vagina por falta de circulación de energía en esa zona. La piel se vuelve muy sensible y, por esa razón, al comenzar a practicar ejercicios con el huevo, es posible que aparezca un poco de irritación en la piel o pequeños dolores. Y, desde luego, se necesita cierta motivación y perseverancia. Es un compromiso real, un genuino deseo de comenzar. Tienes que ser capaz de superar todas estas cosas para abrir nuevas puertas».

Sin lugar a dudas, mi sexualidad ha mejorado gracias al uso del huevo yoni: mi vagina está más tonificada y el deseo es más frecuente en los encuentros.

Sophie

Si quieres darle color a tus deseos y a tu sexualidad, elige el tamaño del huevo que más te convenga. Prueba diferentes piezas y determina cuál te conviene más.

> *Primero compré un huevo grande. Hacía tiempo que no tenía relaciones sexuales. Me arrepentí, porque era demasiado grande; solo lo usé una vez. Debería haber confiado en mi intuición, que me decía que comprara un tamaño un poco más pequeño.*
>
> *Anne-Claire*

La vida activa es a veces estresante

El estrés es uno de los grandes males de nuestro tiempo. Siempre apresurados, entre lo personal y el trabajo, corremos sin parar. Y cuando surge algún problema inesperado en nuestras vidas modernas saturadas, ¡colapsamos!

Si trabajas, si tienes hijos, falta de sueño, una casa que gestionar y un hombre a tu lado, el estrés puede aumentar rápidamente, lo sabemos.

Tomarte tiempo para ti misma, hacer los ejercicios del huevo yoni, pasear por el campo, meditar y respirar son prácticas que te guiarán en el camino hacia la calma interior. Cada mujer descubrirá su equilibrio y lo que es mejor para ella. El objetivo es usar el poder de los rituales, como explico en este libro, para dar sentido a una vida que puede perderlo en momentos de estrés.

> *Con el huevo tengo más confianza en mi condición de mujer, al tiempo que soy independiente, emprendedora, pero también artista, sensual, sexual y vulnerable. Mi libido también ha mejorado.*
>
> *Amélie*

La práctica con el huevo yoni permite desarrollar muchos momentos de ternura, algo que suele escasear en nuestras vidas.

> *La dulzura del huevo de jade, por su forma, su color y su textura, responde exactamente a la transformación que se está produciendo en mí misma y que provoca que yo sea indulgente conmigo misma.*
>
> *Lucie*

Durante una entrevista que tuve con Jutta Kellenberger, ella abordó un punto importante en relación con los trastornos de nuestro tiempo y los beneficios que el huevo puede aportar:

> El ejercicio con el huevo es una de las principales prácticas femeninas que atrae la atención de la mente a los ovarios, y eso es lo que necesitas cuando no eres fértil o tienes problemas para concebir. Es decir, la matriz, en términos de la medicina china, está demasiado «fría». Por lo tanto, es necesario introducir chi en el útero para calentarla. El ejercicio del huevo ayuda a concentrar la energía abajo. El problema en nuestra sociedad occidental es que ya no somos esclavos (¡lo cual es bueno!): somos educados, vamos a la universidad, aprendemos muchas cosas y, por lo tanto, toda la energía sube hacia la cabeza, y no baja lo suficiente. Es por eso por lo que muchas mujeres occidentales no pueden concebir y los hombres tienen cada vez menos esperma: ¡porque estamos demasiado concentrados en nuestra cabeza! Esto nos vuelve locos. Ya no estamos ahí [señala su yoni], ya no estamos en nuestro cuerpo; pero para concebir un hijo debemos estar ahí: la energía debe estar en la parte inferior del cuerpo.

Las deportistas y atléticas

Hasta las más atléticas me han dicho que usara huevos yoni pequeños, que generalmente son los que utilizan las expertas en la práctica para liberar la tensión vaginal. ¡De nuevo, todo dependerá de tu tono y de lo que sabes sobre tu cuerpo y tu yoni!

Las más osadas pueden incluso probarlos durante sus actividades deportivas. Sin embargo, ¡hay que tener cuidado con ciertos movimientos durante la práctica de cualquier deporte, porque pueden provocar que el huevo caiga!

> Practico tiro al arco, y cuando suelto la flecha, ese movimiento repentino hace que el huevo caiga. Tenemos que estar atentas con ciertos movimientos deportivos. Podría probarlo al montar a caballo, pero todavía no me atrevo.
>
> *Léa*

El huevo se adapta tanto a las prácticas deportivas dinámicas, con algunas precauciones básicas, como a las prácticas más suaves.

Lo uso con frecuencia
mientras hago mis
ejercicios de pilates.
Cathy

A menudo hago meditación
con el huevo puesto.
Eva

La sexóloga y psicoterapeuta Lara Castro aconseja lo siguiente a las atletas que comenzaron a una edad temprana una actividad deportiva de alto nivel: «Es necesario trabajar aún más el perineo. Muchas grandes deportistas tienen, desde muy jóvenes, problemas de incontinencia. La solución no es ponerse una compresa. Es imprescindible comenzar rápidamente a tonificar el perineo. El huevo yoni es perfecto para ejercitar regularmente esta parte del cuerpo».

En fases de transición y balance de vida

En ciertas etapas de cambio en la vida, tendemos a perder la confianza en nosotras mismas y a dudar de nuestras decisiones. Los resultados aún no se han producido, no siempre sabemos por dónde empezar, hemos perdido las coordenadas de nuestra existencia. Todo debe ser reconstruido y podemos encontrarnos, a veces, solas y sin recursos. **Volver a nosotras mismas, a nuestro cuerpo, es un primer paso** para reconectarnos con nuestra sabiduría interior, a fin de recuperar la pulsión vital y superar así los miedos y las dudas, y tomar nuevas decisiones con alegría.

Con el uso del huevo, todos los días, tengo un mejor contacto con mi vagina, a la que por fin he aprendido a amar. Cambié de vida y quizás el huevo me haya ayudado: cambié de trabajo; ahora enseño yoga y el huevo encaja perfectamente en esta dinámica de cambio.
Aurore

Para volver a nosotras mismas es esencial que hagamos un balance de nuestra vida, nos observemos y aprendamos del camino ya recorrido. Y para ello la práctica del huevo y sus rituales es fundamental, puesto que permitirá a la mujer reenfocarse en sí misma, reservarse tiempo para ofrecérselo a su cuerpo y aprovechar ese momento, como Roxanne, para descubrir una nueva fase de su vida:

> Actualmente estoy haciendo un balance de mis cincuenta años. Me doy cuenta de que no he vivido mi vida como quería. Así que quiero reencauzarla. Necesito conocerme mejor, y el huevo me permite enfocarme solo en mí y en mi aspecto sagrado femenino.
>
> *Roxanne*

Virginidad, adolescencia, jovencitas

Muchas madres me preguntan a qué edad puede comenzar una niña a practicar con el huevo yoni. Es cierto que este primer enfoque se basará en el desarrollo fisiológico, la madurez y las primeras preguntas sobre la feminidad y la sexualidad que tenga la niña en cuestión.

Antes de responder a esta duda, hagamos un breve repaso de anatomía sobre la virginidad. El himen es una membrana más o menos flexible, delgada y resistente (con una abertura para dejar pasar la sangre de las menstruación), localizada a la entrada de la vagina, aproximadamente un centímetro detrás de los labios menores. Por esta razón, una niña puede usar un pequeño tampón o introducirse un dedo y dejar esta membrana intacta.

El himen se asocia a menudo a la pérdida de la virginidad. Sin embargo, durante la infancia, después de una actividad deportiva o un *shock,* este himen puede relajarse o desaparecer sin que la niña lo note. Otras mujeres nacen sin himen y, en algunas, el himen no se rompe durante las primeras relaciones sexuales. Una vez más, cada mujer tiene una yoni diferente, de ahí la importancia de aprender, desde una edad temprana, todo lo posible sobre esta parte del cuerpo y empezar a honrarla.

Perder la virginidad no significa únicamente la pérdida de esta membrana durante la primera relación sexual. Hacer el amor por pri-

mera vez es un importante pasaje iniciático en la vida de una mujer.
Será tanto más respetuoso y suave si la joven es consciente de lo que su
yoni pide o rechaza.

Respecto a la práctica con el huevo yoni, si una joven está entrenada (si ya
tuvo su primer periodo) y si usa tampones durante la menstruación, puede
usar un huevo yoni. Lo importante es elegir el tamaño y el mineral adecuado.

Si se siente lista para ponerse en contacto con esta área íntima y ex-
plorarla, el huevo será su mejor amigo. Para comenzar es ideal un huevo
pequeño de cuarzo rosa, porque este hermoso mineral brinda una energía
que calma y tranquiliza. Favorece la confianza y ayuda a desarrollar el
amor hacia una misma.

Tomarse tiempo y proceder por etapas es lo que recomienda Saida
Désilets, experta en la práctica con el huevo yoni en los Estados Unidos:
«Primero intenta hacer los ejercicios usando solo tu imaginación (un
huevo yoni imaginario), y luego utiliza tu dedo. El uso regular del huevo
ayuda a la vagina a comprender cuándo relajarse, cuándo abrirse, cuándo
apretar y cuándo moverse. De hecho, este nivel de dominio sexual es muy
importante cuando te estás preparando para una hermosa experiencia de
«la primera vez».

La osteópata Corine Léger, explica: «La práctica con el huevo yoni
permite a una joven familiarizarse con ella misma para sentirse más segura de su sexualidad. Al principio, lo más importante es comprender de
qué forma quieres tratar a tu cuerpo, por lo que es mejor comenzar con
un profundo respeto, con curiosidad, y hacerlo como una experiencia, sin
aspirar a un objetivo específico. Al proceder lentamente y establecer una
relación con tu cuerpo, generarás vías neuronales positivas y llenas de
placer que mejorarán tus experiencias sensuales y sexuales en un futuro.
De nuevo, ¡puedes tomarte tu tiempo! ¿Por qué apresurarse?».

Y recalca: «En las mujeres jóvenes cuyo himen no se ha roto y que
desean mantener su virginidad para su primera relación, la práctica del
huevo puede estar contraindicada».

Pero uno puede, incluso en estos casos, comenzar con un uso externo:
«Entonces es preferible, la primera vez, reservar el huevo para uso externo
en el perineo y la vulva, sin introducirlo. Para aprender a usar el huevo, es
un buen comienzo descubrir y tomar conciencia de esta parte del cuerpo».

Los métodos anticonceptivos respetuosos con el cuerpo

Como vimos en el primer capítulo, la práctica con el huevo yoni ayuda a prevenir la menstruación dolorosa, permite una vivencia más serena del parto y otros momentos en la vida de una mujer y de su salud íntima. Asimismo, ayuda a la hora de elegir un método anticonceptivo.

Esta conciencia más sutil y profunda de nuestro cuerpo es un plus para vivir y elegir un método anticonceptivo adecuado. Con la práctica del huevo yoni, la mujer adquiere una mayor autonomía que le permite acceder, cada vez más, a su propia sabiduría. **Es importante, por supuesto, consultar a un profesional sanitario, pero una mujer sabrá mucho más intuitivamente lo que es bueno para su cuerpo y su yoni.**

Si usamos o hemos usado la píldora, espermicidas, implantes, anticonceptivos inyectables, esterilización masculina o femenina, condón masculino o femenino, DIU (dispositivo intrauterino), capuchón cervical, parches, técnica de abstinencia, abstinencia periódica o anillo vaginal, podemos utilizar el huevo sin problema.

Corine Léger, osteópata, afirma: «No existe ninguna contraindicación para que una mujer que toma anticonceptivos use el huevo yoni. De hecho, la práctica puede generar en ella el deseo de escuchar más naturalmente a su cuerpo y abrirse a una anticoncepción diferente, más natural y, por lo tanto, más respetuosa de su organismo».

Se deben tomar precauciones frente a ciertos métodos de anticoncepción cuando se usa el huevo. Para el DIU, por ejemplo, no se recomienda usar un huevo perforado horizontalmente (la mayoría se perfora verticalmente, como se muestra más adelante).

En lo que respecta al anillo vaginal, es posible extraerlo durante la práctica, como dice Lara Castro: «El anillo se puede extraer de la vagina menos de tres horas y mantendrá su efectividad anticonceptiva. Después de la práctica del huevo yoni, debe enjuagarse con agua fría y volver a colocarse».

Preparación al parto

Con la práctica del huevo, la preparación para el parto no se limita a la tonificación y relajación del perineo y la vagina, aunque esto sea importante. **El entrenamiento regular puede contribuir a que tu parto sea un verdadero placer.**

La imagen que tenemos del parto todavía está demasiado relacionada con el sufrimiento, el dolor y los gritos. Isabelle Challut, autora de *La maternidad y lo femenino,* explica:

> El nacimiento de mis hijos ha sido un punto de inflexión importante en mi vida. Padecí en carne propia la autoridad de los médicos sobre las parturientas, y eso me molestó mucho. Este maravilloso evento, el nacimiento de un ser, se ha convertido en una experiencia dolorosa y potencialmente peligrosa. Las mujeres se encuentran reducidas a un órgano: el útero, controlado y supervisado desde fuera. Aquellas que quieren vivir su parto de acuerdo con su propia visión, escuchar a su cuerpo y sus necesidades, que quieren moverse, gritar, y que rechazan la epidural, todavía son tratadas como «marginales». Asistí a varios partos y vi a las mujeres totalmente «desconectadas» de sus cuerpos. La única «salida» posible para ellas en ese intenso sufrimiento fue la epidural, para no sentir nada. En nuestra sociedad —ya desde la niñez— no respetamos las necesidades e intuiciones acerca de nuestros cuerpos. En la edad adulta estamos necesariamente separadas de una parte fundamental de nosotras mismas.

Esta enfermera, que ha practicado obstetricia durante más de veinticinco años en Francia, Suiza y Quebec, nos invita a escuchar a nuestro cuerpo y recuperar nuestra sabiduría interior: «Si tienes dolor en el vientre, ¿puedes saber exactamente qué órgano está afectado? ¿Cuál es la causa de este dolor? Quizá hayas perdido ese contacto íntimo que revela lo que está sucediendo dentro de ti en cada momento. Diferentes enfoques corporales permiten encontrar esta escucha sutil en la que se sustenta el proceso de empoderamiento. Es importante que nos conozcamos, que reaprendamos a escucharnos y que respetemos lo que sentimos dentro de nosotras mismas».

Corine Léger fomenta el uso del huevo de esta manera: «Un parto natural comienza cuando el trabajo del útero, bajo el efecto de las hormonas, empuja al bebé hacia afuera, cabeza por delante. Cuando una mujer se entrena con el huevo yoni durante algunos meses o algunos años, antes de quedar embarazada, la vagina se vuelve flexible y tonificada. Entonces, quienes dan a luz de forma natural experimentan el parto como una experiencia orgásmica».

La joven mamá

Tú bebé ya está aquí. Una nueva vida comienza. ¿Deberías ayudar al cuerpo y a la yoni a encontrar una nueva coherencia armoniosa después de la experiencia del parto? Por supuesto. Como hemos visto, el huevo encontrará su lugar perfectamente en el proceso de reeducación perineal, y **te ayudará psicológica y energéticamente a convertirte en la nueva mujer que se está gestando y quieres ser.**

Los siguientes consejos de Corine Léger son inestimables:

La práctica del huevo ayuda a revitalizar a las mujeres que han dado a luz y que están en el periodo de postparto. Aconsejo comenzar con un tamaño grande y, con el fortalecimiento del perineo, pasar a un huevo de tamaño mediano. Espera seis semanas antes de comenzar a practicar. Después del parto, es fundamental esperar la cicatrización del tejido, en caso de episiotomía o desgarro del perineo, antes de considerar cualquier práctica. Es el ginecólogo quien ha de dar la autorización después revisar el cuello uterino. Una vez completado este periodo, el huevo yoni se convertirá en un recurso esencial para la recuperación perineal, como complemento de la rehabilitación clásica. Cada mujer encontrará su ritmo de práctica y los momentos necesarios para ofrecerse esta cita con su intimidad.

Los testimonios de Marion y Élisabeth ilustran perfectamente las diferentes facetas de los beneficios del huevo después del parto.

Después del nacimiento de mi hija, sufrí una gran depresión. Me sentía perdida, con una ausencia total de sensaciones durante las relaciones. Con el huevo, en tres meses, se produjo un cambio y recuperé las sensaciones. ¡Fue supermotivante! Pero lo más importante: la visión que tuve de mí también cambió. Debemos recuperar la confianza, y creo que el huevo es más efectivo que la fisioterapia para eso.

Marion

 Cuando comencé a obtener resultados, mi fisioterapeuta me aconsejó que espaciara las sesiones con él y que siguiera usando mi huevo para «mantener» mis logros. Hoy lo uso tres veces por semana, al menos. Juego a que se pasea dentro de mí.

Élisabeth

La premenopausia y la menopausia

La premenopausia y la menopausia suelen ir acompañadas de sequedad vaginal y falta de libido. La pared de la yoni se adelgaza y se seca. Pero esto no es en absoluto irremediable. No diremos que con el huevo vayas a conseguir que tu yoni esté como a los veinte años, pero sí podrás apreciar mejoras significativas en términos de comodidad durante las relaciones sexuales, así como aumentar el tono muscular.

Para Corine Léger, las cosas son así de claras:

> Es realmente recomendable que las mujeres con menopausia se ejerciten con huevos, ya que les ayudarán a desarrollar una mejor conciencia de un aspecto ginecológico que a menudo se deja de lado. En este momento de la vida, la práctica del huevo requiere conectarse con la propia intimidad, desarrollar una escucha más sutil del cuerpo y ser sensible a la feminidad sagrada. La práctica estimulará la energía del primer chakra. En esta etapa de la vida, algunas mujeres experimentan un problema de sequedad vaginal, y otras, pérdida del tono perineal o ambas cosas. La práctica regular ayuda a tonificar, a estimular esta hamaca pélvica que puede haberse relajado después del embarazo, con la edad o, simplemente, debido a falta de conciencia sobre esta región corporal que

es tan importante como la base de nuestra columna vertebral. ¡Para algunas, esta será la manera de aumentar su libido nuevamente!

La menopausia no es lo que se dice; la práctica del huevo nos demuestra lo contrario. Una vez más, el huevo yoni te ayudará a cambiar tu idea o concepción sobre este periodo de la vida.

Aisha Sieburth no duda un instante en revertir los clichés de la menopausia:

> Las mujeres menopáusicas creen lo que los médicos les dicen: «Ya no tienes óvulos, así que estás acabada». A mí me gusta mucho ilustrar esta situación mediante la imagen de una anémona que a través de sus raíces llega a hacer su pequeño bombeo y aspira y pone en circulación, gradualmente, la fuerza vital que hay en ella. Es esta posible reconexión a través del huevo yoni lo que permite que las mujeres menopáusicas renueven su libido.
>
> Los taoístas llaman a la menopausia la «segunda primavera». Es un momento sagrado en el que las energías que se desplegaban a través de las reglas se conservan y reciclan en los tejidos del cuerpo para alimentar el fuego espiritual de la mujer: la apertura del corazón. Para vivir esta transición con éxito, tendremos que hacer brotar nuestras «flores» femeninas; estimular más activamente las glándulas hormonales con la práctica del huevo de jade, siempre con el automasaje de los senos, que despierta las conexiones entre todas las glándulas. Síntomas como sofocos, mareos, sequedad, falta de libido e insomnio pueden deberse a la falta de energía y al resecamiento de los fluidos corporales.

Beatrice, de cincuenta y seis años, una mujer menopáusica, parece bastante feliz con su práctica con el huevo yoni, que le ayuda a convertirse en la mujer que quiere ser en esta etapa de su vida:

> " Después de muchos años sin sexo activo y en el amanecer de una nueva vida en pareja, descubrí el huevo yoni. Pude reabrir la puerta de mi ámbito sagrado femenino... Tenía miedo de no poder acomodarme físicamente a este hombre tan esperado. Me llevó tres días insertar el huevo pequeño, y necesité cinco días para el mediano.
>
> *Béatrice* "

Algunas situaciones delicadas

El huevo yoni es reparador. Se acomodará en tu interior, discretamente y en silencio, para luego actuar. No solo, por supuesto; este es un trabajo en equipo entre tu yoni, el huevo y tú. El huevo yoni tiene los recursos necesarios para facilitar la reparación de traumas y la resiliencia frente a ellos. Solo las mujeres conocemos la profundidad e importancia de estos traumas, ya sean problemas ginecológicos graves, un parto sin la atención debida o cualquier trauma de tipo sexual. Tu yoni y tu energía fundamental encontrarán en el huevo un aliado valioso para reconstruirte y superarlos.

Después de un aborto involuntario

Isabelle me envió este conmovedor testimonio:

> El huevo es un objeto «sagrado» para mí. Hace veintiún años estuve embarazada de un bebé que creció en mi vientre durante nueve maravillosos meses de amor. Lamentablemente, este pequeño bebé no pudo seguir viviendo en nuestro mundo. Desde entonces tuve otros dos hijos maravillosos. Hace cuatro años desarrollé un fibroma tan grande que me tuvieron que extirpar el útero. Recurrí al huevo yoni y este ha logrado llenar un vacío en mí.
>
> *Isabelle*

Este testimonio es sumamente inspirador y sincero. El aborto involuntario es un evento doloroso, psicológica y físicamente. Tu mente, y también tu yoni, quedan marcados, como después de cualquier trauma. Estabas esperando a tu bebé con felicidad y amor y sobreviene un accidente que lo cambia todo. Se necesita mucho tiempo y amor para recuperarse. El huevo yoni te ayudará a superar ese momento y facilitará la liberación de recuerdos dolorosos. Escucha a tu intuición y tus sentimientos para elegir la piedra que más te conviene. Tal vez un huevo para uso externo sería más adecuado al principio. ¡Has de escuchar siempre a tu cuerpo y a tu yoni para atender la llamada del huevo!

Después de una operación

En caso de histerectomía, se pueden usar los huevos yoni (excepto si existen contraindicaciones médicas); la práctica puede ser incluso particularmente beneficiosa, porque a tu yoni no le gusta el vacío físico y energético resultante de esta intervención. Quiere llenarlo y seguir sintiéndose plena.

Aisha Sieburth dice: «La práctica consciente y amable de los huevos yoni puede proporcionar una presencia física y energética contenedora para sostener los tejidos internos y ayudar a los órganos circundantes (el intestino en particular) a estabilizarse, a ocupar el lugar del vacío que ha dejado el útero e incluso a reemplazar algunas de las funciones de este; todo ello generará más energía para revitalizar y optimizar la recuperación y la curación».

Después de un trauma

El trauma puede producirse en distintos planos y en diferentes etapas de la vida. Jutta explica: «Cuando, durante la infancia, alguien nos ha tocado de manera irrespetuosa, de inmediato nuestra reacción natural es cerrarnos. El trauma va siempre más allá de la magnitud del abuso».

De manera similar, si una niña siente el deseo de un adulto mientras la baña, aunque no lo llegue a comprender, esto también puede tener una dimensión traumática y generar un bloqueo que se instala en el cuerpo. Añade Jutta: «Esto bloquea el chi y también nuestro cuerpo. Los músculos se contraen. Es así como cada una tiene sus propias historias que explican por qué las cosas son como son».

Después de haber padecido una experiencia sexual traumática en 1994, Saida Désilets comenzó a ayudar a las mujeres que se han enfrentado a situaciones tan difíciles como ella:

> Pocas son las mujeres que no sufrirán algún trauma sexual. Hablar de trauma no es suficiente. Existe una memoria celular que tenemos que liberar. Algunas irán directamente a ver a profesionales, pero para la mayoría de las mujeres el huevo de jade les permitirá hacer el trabajo por sí mismas. La razón por la que el huevo es tan poderoso es que primero invita a la mujer a conectarse con su cuerpo y a sentirse segura, y luego permite reprogramar las células.
>
> Después de sanar mi propio cuerpo de un trauma sexual y ayudar a miles de mujeres a hacerlo, sé que es posible liberarse del terror y el dolor de experiencias pasadas para reconectarse con el cuerpo y hacer que el placer se vuelva natural nuevamente.

Ser víctima de abusos sexuales es algo muy delicado y doloroso para las mujeres, pero, lamentablemente, es una experiencia muy común.

> Compré mi huevo porque sufrí abusos sexuales durante mi infancia por parte de mi padre. Esto me condujo después a una importante enfermedad hormonal, que me dejó estéril durante muchos años. Así fue desafortunadamente el comienzo de mi vida como mujer. Me llevó seis meses atreverme a introducir el huevo en mi yoni. Me hice muy aprensiva y creo que necesité todo ese tiempo como proceso de «maduración», de introspección íntima para hacer este camino de mujer. Después, al instante, me sentí satisfecha, colmada; realmente vi que al fin podía centrarme en mí, que contaba con mucha fuerza interior, y conseguí mi lugar como Mujer en esta tierra. La práctica con el huevo también liberó muchos recuerdos encerrados en mi vagina, útero y ovarios. Con un trabajo personal y un seguimiento adecuado, pude, por primera vez en mi vida, sentirme libre en mi feminidad, sentir todo mi vientre y mi yoni. Me fui liberando del pasado y sanando mis heridas. No puedo más que recomendar estos huevos a todas las mujeres que han experimentado un trauma de tipo sexual o que se han visto amenazadas en su integridad. Este es un paso que se da cuando nos sentimos preparadas internamente, pero estoy segura de que el huevo entra naturalmente en nuestras vidas cuando estamos listas. Tener este poder de liberación de la energía femenina, durante tanto tiempo ignorado, es verdaderamente extraordinario e importante en nuestra época, en la que se

requiere que la Mujer retome su verdadero papel creativo en la tierra. No dudes en pedir ayuda a un terapeuta para que te acompañe en la liberación de todos estos viejos recuerdos que resurgen.

Anne-Laure

Mi huevo calmó las imágenes de relaciones sexuales degradantes, violentas y sin afecto alguno que tenía dentro de mí. Estas imágenes han estado constantemente presentes desde el comienzo de mi sexualidad y no me habían abandonado nunca hasta hace poco, y creo que lo han hecho gracias al huevo yoni.

Bénédicte

Tengo sesenta y dos años, así que opté por el huevo más grande, en cuarzo rosa. Sufrí violencia conyugal durante más de treinta y cuatro años y me practicaron una histerectomía a los cuarenta y dos. Mi deseo más íntimo es encontrar mi sagrado femenino gracias al huevo.

Marianne

Hasta hace poco (me aproximo a los cuarenta años), nunca había vivido una sexualidad feliz. Sufrí relaciones forzadas y violaciones. Desarrollé una coraza de resistencia al placer. Hoy el gran proyecto de mi vida es conectarme con el placer y compartirlo con mi nuevo compañero. Todavía es un asunto complicado para mí y el huevo es parte de un proceso de redescubrimiento de mí misma.

Valérie

Se trata de perdonarse a una misma, de permitirse explorar la sexualidad de manera diferente para volver a confiar en el otro y de esta manera redescubrirse. Lleva tiempo prestarle atención y darle amor a tu yoni, pero ella te guiará y se comunicará de manera más directa y clara contigo.

El huevo, la práctica regular, tu compromiso y tu poderosa energía femenina, hasta entonces no utilizada, te guiarán por los caminos de la sanación. Los diferentes expertos que conocí coinciden con esto. Eliane, iniciadora en la práctica del huevo yoni y terapeuta, dice: «He recibido mujeres que han sufrido traumas relacionados con su género, su feminidad; les propuse la práctica del huevo como una manera de dar un gran paso adelante en su liberación interior».

Elige el tamaño del huevo

¿Pequeño, mediano o grande?

Hablemos de tamaño: sí, ¡el tamaño importa! Para los huevos yoni existen tres tipos, que varían en altura y diámetro:

— Pequeño (unos 4 cm de alto y 2,5 cm de ancho).
— Mediano (unos 4,5 cm de alto y 3 cm de ancho).
— Grande (unos 5 cm de alto y 3,5 cm de ancho).

Pequeño   Mediano   Grande

Tu yoni es única, como tú. Recuerda que tiene una capacidad elástica muy grande, como podemos observar durante el parto. La vagina se contrae o relaja. Ni siquiera el huevo yoni más grande es del tamaño de un huevo de avestruz, ¡así que no te asustes! ¡Solo mide 3,5 cm de ancho!

El tamaño «grande» puede atemorizar, pero la mayoría de las mujeres puede usarlo para practicar, incluso las principiantes. **De hecho, si el huevo es demasiado pequeño, no podrá sostenerse. Por eso es imprescindible elegir un tamaño adecuado.**

Criterios para elegir tu huevo:

- La tonicidad
- La práctica deportiva
- El progreso de la práctica con el huevo yoni
- Los traumas
- La regularidad de tu actividad sexual
- Las intervenciones quirúrgicas
- La edad
- La virginidad

Para la mayoría de las mujeres, los huevos medianos y grandes son ideales. Una mujer soltera, joven, activa y sin hijos tenderá a elegir un huevo yoni de tamaño mediano. Una mujer que ha tenido hijos por parto natural generalmente tendrá menos tonicidad y elegirá un huevo más grande. Lo mismo ocurre con las mujeres que están en la menopausia o aquellas que desean prevenir la incontinencia. Ten en cuenta que, si tu suelo pélvico está muy flojo, es probable que el huevo sea difícil de sostener en la vagina y deberá adaptarse la práctica (por ejemplo, tendrás que comenzar acostada los ejercicios de contracción y relajación).

Después de un parto, muchas mujeres que usan el huevo yoni esperarán el periodo de reeducación perineal para empezar la práctica con el huevo, para volver a tonificarse y, además, recuperar progresivamente una vida sexual armoniosa.

Para empezar, Aisha Sieburth recomienda un huevo grande: «Lo importante al principio es tener la sensación de "¡Ah!, sí, ahí lo siento; siento una presencia con la que realmente puedo trabajar". Progresivamente, a través de la práctica, podemos usar un huevo cada vez más pequeño y guardarlo en el interior sin que se caiga, ¡incluso con un peso colgando de una cuerda! Pero es cierto que al principio es mejor comenzar con algo un poco más grande».

Me gustaría señalar que es común no sentir el huevo dentro. Nuestra sensibilidad se desarrolla con el tiempo. La regla de oro es que si tu huevo yoni se mantiene en ti, entonces has optado por el tamaño correcto.

El huevo pequeño, por ejemplo, no se sostendrá si no tienes la musculatura necesaria. (¡Haz la prueba de tu tono perineal propuesta en el primer capítulo!). También es más ligero, pesa menos y, por lo tanto, funciona de una manera más sutil para liberar las tensiones de la yoni.

Se recomienda, pues, un huevo pequeño para cualquier mujer que esté familiarizada con el huevo y la tonicidad de su yoni, pero también para deportistas o mujeres con una vagina muy apretada que no les permite, por ejemplo, colocarse un tampón, situación que a veces está relacionada con algún trauma sexual. Finalmente, también se recomienda a las más jóvenes, que empiezan a descubrir su sexualidad y sus cuerpos.

Los huevos pequeños también pueden, con la experiencia, utilizarse por pares, como sugirió José Toirán durante un taller que organicé en Burdeos: se trata de hacer subir uno y descender el otro para tener un mejor control de los diferentes anillos vaginales y, por lo tanto, del orgasmo.

Avanzar con los diferentes tamaños

Más allá de estos consejos prácticos, déjate guiar por tu intuición femenina, tus deseos y lo que te atraiga al elegir el huevo que más te convenga. De hecho, el tamaño no es el único criterio que debes tener en consideración. Es un misterio de nuestra feminidad, pero el cuerpo sabe qué huevo le corresponde. Para ello, escucha la vocecita de la intuición o pregúntale a tu yoni. La primera respuesta suele ser la correcta.

Muchas mujeres optan por comprar los tres tamaños para ir evolucionando en la práctica. Como regla general, cuanto más progreses, más capacidad tendrás para elegir el huevo adecuado. Solla, experta en masajes, explica simplemente: «Depende de la anatomía de la mujer, de la anatomía estructural, y de si ha tenido bebés o no. Hay tres tamaños: pequeño, mediano y grande. Para practicar, yo uso los tres y todos son maravillosos».

Elige la piedra del huevo

La litoterapia

La litoterapia es una práctica de la medicina alternativa que utiliza para sus tratamientos únicamente materiales de origen mineral.

Los estudios científicos nos ofrecen información sobre los minerales, su composición y sus propiedades químicas y físicas; pero no dicen demasiado sobre el aspecto energético global de las piedras.

Gérard Cazals, autor de *La quintaesencia de las piedras*, explica: «La energía intrínseca de la piedra, nuestras propias necesidades energéticas y nuestras reacciones a esa energía de la piedra serán factores inseparables para comprender el efecto que estas ejercen sobre nosotros».

En las antiguas civilizaciones, las piedras desempeñaban un papel importante. Hoy en día, encuentran un lugar en nuestra vida diaria gracias a la litoterapia, que utiliza piedras y cristales para ayudar a encontrar gradualmente un equilibrio físico, emocional, espiritual y mental. La influencia sutil de los minerales se utiliza con un enfoque holístico de la sanación, ya que afecta a todos los niveles del ser. Para los amantes de las piedras, estas son compañeras de la vida. Como cualquier relación, lleva su tiempo; tienes que aprender a conocerlas y crear una complicidad con ellas.

Las piedras ejercen una influencia en nuestro cuerpo por las vibraciones que emiten. Estas ondas interactúan con el campo electromagnético de nuestro cuerpo.

Elizabeth Beaumont, gemóloga que participa en mi sitio web, explica: «Cuanto más aprendo sobre el aspecto científico del mundo mineral, más me fascina la inteligencia y la armonía que existe en la naturaleza. Cuando las condiciones geológicas son favorables, se forman cristales que contienen elementos químicos de los cuales también está constituido el ser humano, y esto da a las piedras una resonancia obvia con el cuerpo humano. Además, los átomos se colocan muy geométricamente entre sí, a distancias y ángulos muy precisos, mostrando un equilibrio mayor que el de los seres humanos, lo que puede alentarnos a estar en sintonía con la naturaleza para alcanzar cierto equilibrio».

No hace falta decir que ninguna de las virtudes litotrópicas que aportan las piedras puede reemplazar la opinión de un médico. Lo que se describe en este libro es solo una introducción a la litoterapia, un tema vasto y apasionante. **Conocer el poder de las piedras te hará más consciente de la belleza de la tierra, de la vida y del camino que queda por recorrer.** Cada persona tendrá su propio camino de sanación a través de las piedras. Esto no es de ninguna manera una solución definitiva, más bien se suma a otras acciones y prácticas terapéuticas y medicinales.

La práctica con piedras requiere desarrollar un trabajo con tus afectos. Personalmente, he estado en contacto permanente con piedras durante mucho tiempo: en mis bolsillos, en mi escritorio de la escuela y ahora en el trabajo o en casa. Este método es muy lento; no es un medicamento que resuelva un problema en tres días. Puede llevar in montón de tiempo, especialmente para sentir lo que nos está sucediendo y poder apreciar los resultados.

Algunas personas piensan que sus preocupaciones desaparecerán repentinamente si introducen un huevo yoni en su vagina. Esta práctica, en mi opinión, debe combinarse con otras.

Marie

El mejor consejo que puedo darte sobre la elección de la piedra es escuchar tu cuerpo, tu sensibilidad y tu intuición. Gracias a la siguiente información, contarás con una visión general de las piedras utilizadas para hacer huevos yoni y, por lo tanto, harás una primera selección de las que más te «seduzcan».

Cómo elegir tu piedra

Aventurarse en el mundo de las piedras no siempre es fácil, ya que no se sabe por dónde empezar. Elizabeth Beaumont, graduada de la Asociación de Gemología de Gran Bretaña y certificada por la Escuela de Gemología de Montreal, te brindará consejos valiosos para guiarte en tu búsqueda:

▶ 1. Escucha a tu intuición

A menudo lo que sucede es que no somos nosotras quienes elegimos nuestra piedra, sino la piedra la que nos elige a nosotras. Nos sentimos atraídas recíprocamente. Por ejemplo, al tomarla en nuestras manos, podemos sentir una transferencia de energía entre nuestros dedos, un cosquilleo, una vibración del corazón, una sensibilidad; a veces nuestros ojos se llenan de lágrimas... Varias sensaciones pueden indicarnos que esa piedra en concreto quiere hacer un camino con nosotras. Esta forma de elegir es mi favorita, porque es una elección del corazón y no de la mente.

▶ 2. Por el color

Es posible, especialmente cuando se está empezando, asociar una piedra, por su color, con el chakra correspondiente. Por ejemplo, las piedras negras, marrones o rojas están ligadas al chakra de la raíz, mientras que las piedras verdes o rosadas se asocian con el chakra del corazón. Existe una resonancia de longitud de onda en el espectro electromagnético de la luz visible. Por ejemplo, el violeta vibra entre 400 y 450 nm. Si la piedra es del mismo color, estará en fase con el chakra de la corona, lo cual es aconsejable para el equilibrio de este. A un nivel más avanzado, podemos permitirnos pensar en combinaciones más complejas, más allá del código de colores, para lograr los resultados deseados».

▶ 3. Conoce las propiedades de las piedras

Muchos libros o sitios web describen las propiedades físicas, mentales y espirituales de estas piedras. A menudo recibimos una cantidad de información contradictoria sobre las propiedades de las piedras. ¿Cómo orientarnos? Personalmente, confío en autores que considero serios; por ejemplo, Katrina Raphaell, pionera en este campo en los Estados Unidos, y Michael Gienger, un mineralogista que realizó experimentos con sus estudiantes para descubrir un denominador común de las virtudes de las piedras…, a diferencia de otros autores que solo copiaron y pegaron de un sitio a otro lo que encontraron en Internet.

▶ 4. Conoce su composición química

A un nivel más avanzado, uno podría hacer su elección teniendo en cuenta los componentes químicos de la piedra. Por ejemplo, el litio se usa para regular a las personas que tienen cambios de humor (personalidades bipolares). En la lepidolita hay litio, y esta piedra tiene efectos calmantes y evita los altibajos a nivel emocional. Ayuda a encontrar la paz interior.

Los huevos yoni y sus beneficios

Este capítulo enumera las propiedades ópticas, físicas y litoterapéuticas de los huevos yoni para ayudarte a elegir. Se trata de una lista no exhaustiva de las piedras que puedes probar, tanto para aplicación interna como externa. Por supuesto, esto es solo una introducción a la información y los beneficios que estas piedras pueden ofrecer a las mujeres.

▶ Piedras para uso interno

Jadeíta, la piedra tradicional

Color: verde pálido a verde esmeralda intenso, amarillo, incoloro, blanco, negro, lila, malva, rojo, marrón, azul
Familia/grupo: piroxeno
Sistema cristalino: monoclínico
Transparencia: translúcida a opaca
Lustre: céreo a vítreo
Dureza: 7
Densidad: 3,30 a 3,36
Beneficios: especialmente en China, es un símbolo de armonía y paz, honestidad, serenidad, elevación de la conciencia, meditación y equilibrio.

El huevo de jade es el usado tradicionalmente para la práctica del huevo yoni. El verdadero jade (jadeíta) es muy difícil de encontrar y muy caro.

Jade nefrita, la piedra de la armonía

Color: a menudo verde muy oscuro; también puede ser blanco, marrón, naranja, azul grisáceo y negro
Familia grupo: anfíbol
Sistema cristalino: monoclínico.
Transparencia: translúcida a opaca.
Lustre: céreo a vítreo.
Dureza: 6,5
Densidad: 2,8 a 3,1
Beneficios: facilita el equilibrio de lo masculino y lo femenino, ayuda a la realización personal; despierta y moviliza un conocimiento interno soterrado.

El huevo de nefrita calma y relaja.

Serpentina bowenita, (jade nuevo o jade de China), la piedra de la protección

Color: típicamente verde amarillento, pero puede ser verde o verde azulado
Familia/grupo: antigorita
Sistema cristalino: monoclínico
Transparencia: translúcida
Lustre: céreo
Dureza: 5
Densidad: 2,6
Beneficios: protege físicamente contra la perturbación de las emociones negativas e infunde valor para resolver problemas; facilita la relajación y la comprensión de los sueños.

El huevo de jade de China se recomienda para superar el estrés y los cambios de humor. Te ayuda a encontrar un equilibrio armonizando tu femenino-masculino. Proporciona una sensación de paz interior. Despierta la feminidad. Es una piedra protectora, calmante, que ayuda a superar miedos y a liberarse.

Cuarzo rosa, la piedra de la ternura y la serenidad

Color: rosa pálido a rosa oscuro, a veces acanalado con blanco
Familia/grupo: cuarzo cristalino
Sistema cristalino: romboédrico
Transparencia: translúcida a opaca
Lustre: vítreo
Dureza: 7
Densidad: 2,65
Beneficios: contribuye a la calma interior, alivia las dudas, nos guía hacia la serenidad y el amor propio; da confianza y suavidad, cura las heridas que el corazón ha acumulado.

El huevo de cuarzo rosa favorece maravillosamente la apertura del corazón, la suavidad, el descanso y la ternura, porque el cuarzo rosa es la piedra del amor. Contribuye a la calma interior, a la serenidad; refuerza el amor propio y la autoestima. El cuarzo rosa te ayuda a sentirte más mujer. Da esperanza y calma.

Nota: Es una piedra frágil, extremadamente sensible a los golpes y al sol. El huevo de cuarzo rosa favorece maravillosamente la apertura y contribuirá a cuidarte mejor. Se purifica con agua.

 Sentí la necesidad de empezar a practicar con un segundo huevo seis meses después del primero. Me informé y rápidamente fue el cuarzo rosa el que se impuso a mí. Me brindó autoconfianza y suavidad. Como el primer huevo yoni, este segundo actuó de inmediato.

Loriane

Amatista, la piedra de la sabiduría, la templanza y la transformación

Color: lila a púrpura saturado
Familia/grupo: cuarzo cristalino
Sistema cristalino: romboédrico
Transparencia: translúcida
Lustre: vítreo
Dureza: 7
Densidad: aproximadamente 2,65
Beneficios: estimula la concentración y la calma mental, promueve la claridad y la serenidad; facilita la lucidez (más allá del ego) y el pensamiento libre; ayuda a transmutar las energías y aceptar la realidad; favorece los sueños, la intuición; relaja la actividad de la mente.

El huevo de amatista, que trae sabiduría y es fuente de espiritualidad, es ideal para la meditación; facilita las noches de sueño profundo y el despertar de lo sagrado femenino.

Nota: Evita ponerlo al sol; prefiere la sombra y la energía lunar. Es una piedra bastante sensible a los choques. El contacto con otras piedras contribuye a su purificación.

Aventurina verde o aventurina de cuarzo, la piedra de la comodidad y la serenidad

Color: verde salvia a verde oscuro
Familia: cuarzo policristalino, cuarcita
Sistema cristalino: romboédrico
Transparencia: transparente a translúcida
Lustre: vítreo
Dureza: 6
Densidad: 2,6
Beneficios: brinda paz interior, paciencia y tolerancia ante situaciones que generalmente causan estrés; te permite aceptar y dejar atrás situaciones imposibles, para enfocarte en ti con calma mientras permaneces abierta a los demás; favorece las buenas elecciones, aquellas que se deciden partiendo del amor y no del miedo; promueve la independencia y la regeneración.

El huevo de aventurina es ideal para las mujeres emocionales e hipersensibles, para calmar las ansiedades y encontrar ligereza de corazón. Es un huevo muy suave que ayuda a mantener un equilibrio emocional y mental, a ver más claramente ciertos vínculos que nos impiden avanzar.

Nota: Es una piedra poco sensible a los choques. Algunos pueblos nativos americanos la utilizan en rituales para conectarse con el corazón. Se purifica con agua y sal y se recarga con la luz del sol.

Cornalina, la piedra de la alegría y la vitalidad

Color: naranja a rojo (debido a la presencia de óxido de hierro), a veces con rayas blancas
Familia/grupo: cuarzo policristalino, calcedonia
Sistema cristalino: romboédrico
Transparencia: translúcida a opaca
Lustre: vítreo
Dureza: 6 a 7
Densidad: aproximadamente 2,6
Beneficios: produce alegría, vitalidad y energía; promueve la realización, el coraje, la creatividad, la relajación; apoya a la mujer que quiere tener hijos y facilita la transformación interior; ayuda a calmar los problemas emocionales y a enfocarse cuando la mente está confusa; es también un excelente remedio contra la infertilidad y la falta de deseo.

El huevo de cornalina favorece la resolución de conflictos y la capacidad de vivir en el momento. Ayuda a encontrar un equilibrio sexual y a tomar conciencia de la belleza de la vida. Si lo usas antes de las reglas, mejora su calidad (estas serán más suaves).

Nota: Esta es una de las piedras más hermosas para la mujer, en general, y para las mujeres jóvenes y la pareja en particular. Puede colocarse sobre el estómago quince o veinte minutos durante el embarazo y periodos dolorosos para aliviar y elevar la velocidad vibratoria. Está vinculada con el segundo chakra (centro de energía situado en el ombligo), se purifica con agua y sal y se recarga al sol.

Cuarzo ahumado, la piedra del arraigo y la estabilidad

Color: marrón poco a muy saturado, casi negro
Familia/grupo: cuarzo cristalino
Sistema cristalino: romboédrico
Transparencia: translúcida a opaca
Lustre: vítreo
Dureza: 7
Densidad: aproximadamente 2,65
Beneficios: disipa la ignorancia y nos enfoca con claridad y juicio en nuestro presente; calma las ansiedades y agitaciones mentales y emocionales; facilita la toma de buenas decisiones, el discernimiento y el equilibrio entre el espíritu y la materia; es el más indicado para acompañar una nueva etapa en la vida y que esta sea estable y equilibrada; ayuda a establecer límites y a tomar decisiones; disuelve las energías negativas.

El huevo de cuarzo ahumado te permite conectarte con tu cuerpo y sentirte «con los pies en la tierra». Promueve la conciencia y ayuda a equilibrar lo material y lo espiritual.

Nota: Procura mucha calma a las «hiperactivas».

Ojo de tigre, la piedra de la fuerza interior y el anclaje físico

Color: amarillo a marrón y con reflejos brillantes, que recuerda el iris del ojo o el pelaje del tigre
Familia/grupo: cuarzo policristalino
Sistema cristalino: romboédrico
Transparencia: apenas translúcida, casi siempre opaca
Lustre: vítreo
Dureza: 6
Densidad: 2,60 a 2,65
Beneficios: nos permite observar nuestros recursos interiores para liberarnos de ciertos bloqueos; nos ayuda a aclarar nuestras intenciones y encontrar el coraje para vivir y afrontar ciertos desafíos con tranquilidad; protege el estómago y los intestinos y calma las molestias ocasionadas por ellos.

El huevo de ojo de tigre ayuda a disipar las dudas y aporta motivación y fuerza de voluntad para realizar proyectos y superar dificultades. Proporciona el dinamismo y el deseo de estar en contacto con el entorno más cercano.

Nota: Esta es una piedra para usar durante un examen o una reunión importante. No es muy sensible a los choques. Se purifica con agua y sal y se recarga a la luz del sol y de la luna.

Piedras de calidad

Algunas piedras semipreciosas pueden ser tóxicas debido a los elementos químicos que contienen, ¡pero eso depende de cómo se usen!

Por ejemplo, piedras como el ojo de tigre deben mantenerse en su estado natural, sin ningún tipo de tratamiento. Estas piedras son tan porosas que se vuelven tóxicas si las tratamos ¡No hay contraindicación alguna para usar huevos yoni fabricados con ojo de tigre, a menos que los reduzcamos a polvo y los traguemos!

Elige huevos realizados con piedras muy pulidas y recomendadas por gemólogos, que sean totalmente estables y no se deterioren. Las piedras de calidad necesitarían exponerse a temperaturas mucho más altas que las del cuerpo humano, una presión extrema o una exposición prolongada a ciertos tipos de radiación (rayos X, ultravioleta o gamma) para que su estructura cambiase.

▶ Piedras para uso externo

Algunas piedras son fantásticas por sus virtudes energéticas, pero por razones de seguridad para la salud no se recomienda su uso dentro de la vagina. Sin embargo, no dejes de aprovechar todos los beneficios de la energía trabajando con el simbolismo del huevo en la meditación o en la red cristalina. Este es el caso, por ejemplo, del lapislázuli, cuyos pequeños cristales de pirita podrían dejar residuos dentro de tu yoni.

Ten en cuenta que cuanto más pulido está el huevo menos porosa es la piedra, lo que reduce las posibilidades de que pasen elementos químicos a tu cuerpo y te permite llevar el huevo internamente de manera más segura.

Lapislázuli, la piedra de la comunicación

Color: azul noche profundo, a menudo manchado con calcita blanca y pirita estrellada con un brillo dorado metálico.
Composición: roca compuesta de lazurita, calcita, sodalita y pirita.
Transparencia: opaca
Lustre: vítreo a resinoso
Dureza: 5,5
Densidad: 2,7 a 2,9
Beneficios: purifica y ayuda con la comunicación; te permite expresarte de forma más libre, clara y auténtica; promueve la confianza en una misma, la lucidez, la intuición, el hablar en público y la creatividad; eleva nuestra conciencia; es un agente purificador, tanto mental como espiritual; purga el aura de residuos kármicos.

El huevo de lapislázuli permite una libre expresión de uno mismo en público: esta piedra de los dioses fue para los egipcios la piedra de la comunicación. Al acostarte, aplica el huevo de lapislázuli en la garganta o en el tercer ojo. También puedes llevarlo en la mano o en un bolsillo mientras hablas.

Nota: Si se utiliza por la noche, esta piedra facilita los sueños, pero su efecto puede ser demasiado intenso. Es una piedra frágil, porque es sensible a las rayaduras, a los golpes, al sol y a los ácidos. Se purifica con agua destilada sin sal y se recarga con rayos lunares.

Labradorita, la piedra protectora

Color: base gris con irisaciones azules, verdes, amarillas, anaranjadas, rara vez rosadas o violetas
Familia/grupo: feldespato, plagioclasa
Sistema cristalino: triclínico
Transparencia: transparente a opaca
Dureza: 6
Densidad: 2,65 a 2,75
Beneficios: protege de las influencias negativas, calma los cambios de humor y estimula la intuición; a menudo es utilizada por curanderos y personas que entran en contacto con mucha gente cada día; revela los talentos ocultos y ayuda a expresar la espontaneidad de tu corazón; resulta excelente para disipar ilusiones que nos impiden avanzar.

El huevo de labradorita, para uso externo, se puede sostener en la mano y usar durante un momento de tristeza o una caída de energía, o cuando se está en contacto con personas negativas, tóxicas o invasoras. También ayuda a encontrar el camino más auténtico en nuestra vida.

Nota: Se coloca externamente en la garganta o en la mano. Esta piedra se recomienda durante la menopausia. Es sensible a golpes y rayaduras. Se descarga en un recipiente con agua durante la noche y se recarga al sol.

Obsidiana, la piedra de la sombra y el equilibrio

Color: negro con o sin iridiscencia, a veces manchado con blanco (obsidiana «copo de nieve»)
Sistema cristalino: amorfo
Lustre: vítreo
Dureza: 5 a 5,5
Densidad: aprox. 2,4
Beneficios: esta piedra volcánica disuelve los bloqueos emocionales y mentales, y ayuda a liberarse de la mala conducta. También es una piedra de protección y equilibrio.

El huevo de obsidiana ayuda a iluminar las sombras y, por lo tanto, es excelente para liberarte del resentimiento, el miedo y la ira acumulada. Es poderoso si estás lista para afrontar tu lado oscuro y conocer la verdad sobre ti misma. La obsidiana no es una piedra para principiantes: tómate tu tiempo antes de llegar a ella. Solo la recomiendo para uso externo, debido al trabajo avanzado que requiere y a las precauciones importantes que hay que tomar.

Nota: Esta piedra no es programable. Es un poco sensible a los choques. No es necesario purificarla, pero le encanta el calor y la luz solar y lunar.

Distinguir una piedra verdadera de una falsa

Incluyo a continuación algunas indicaciones de Elizabeth Beaumont, que te ayudarán a elegir tu huevo yoni de una manera más inteligente. Está claro que lo que nuestra Madre Tierra produce sabiamente es siempre superior en el plano energético que lo que se fabrica en un laboratorio.

Cuando los elementos químicos se encuentran bajo las condiciones geológicas ideales de presión y temperatura, estamos frente al nacimiento de un cristal. Los átomos se colocan uno en relación con el otro con una geometría innegable, una simetría dictada por la ley de la naturaleza, en distancias y ángulos muy precisos, como la malla de un tejido en 3D. A pesar de los millones de asociaciones posibles, solo hay siete sistemas cristalinos: cúbico, hexagonal, cuadrático, romboédrico, ortorrómbico, monoclínico y triclínico. Esta organización les proporciona una conductividad térmica mayor que la de los materiales amorfos, en los que los átomos de los elementos químicos se colocan al azar (por ejemplo, ámbar, obsidiana, vidrio manufacturado o plástico). Por lo tanto, estos minerales son fríos al tacto (coloca la piedra en la parte interna de la muñeca o en la sien para sentirla mejor), a diferencia de los materiales amorfos, como el plástico, los compuestos o el vidrio industrial, que ofrecen una sensación más cálida al tacto. Ten en cuenta que si estás buscando una obsidiana, un ópalo, una moldavita o un ámbar, no podrás distinguirlos de los materiales no naturales con esta técnica, incluso si son naturales, ya que también son amorfos.

¿Cómo reconocer el vidrio? Es tibio o caliente al tacto. Si es transparente, podrás ver burbujas en el interior y a veces burbujas cortadas en la superficie, que tienen la apariencia de un pequeño cráter perfectamente redondo.

Si al cogerlo en la mano el material es muy ligero y es cálido al tacto, podría tratarse de una imitación en plástico. Si tienes dudas, introduce una aguja caliente (en un lugar poco visible, como el agujero ya perforado): el huevo emitirá un olor acre. El ámbar se puede confundir con el plástico, pero, mediante esta prueba de la aguja calentada, emitirá un olor característico. Si esta fragancia se parece a la

ELIGE LA PIEDRA DEL HUEVO |

de la resina de pino, se trata de un huevo en copal (la versión joven de ámbar).

Hay muchas imitaciones, materiales no naturales y sintéticos. Espero que los siguientes consejos te ayuden a estar más preparado a la hora de elegir tus piedras.

Los consejos de Elizabeth Beaumont para el cuidado de las piedras

Las piedras naturales deben tratarse con cuidado si se desea conservarlas intactas el mayor tiempo posible. He aquí algunos consejos valiosos de Elizabeth Beaumont sobre este tema. En el capítulo cuarto encontrarás información sobre la limpieza energética de los huevos yoni. En cualquier caso, apuesta siempre por los materiales naturales.

Baja dureza

Las piedras con una dureza de 5 o menos en la escala de Mohs son menos resistentes a las rayaduras. No las laves con agua ni las limpies con productos abrasivos como el agua salada, ya que pueden perder todo su brillo. Lo más apropiado será una limpieza energética acompañada de sonido (cuenco tibetano, tazón de cristal, diapasón, campana, etc.) o fumigación con salvia.

Decoloración

A muchas personas les encanta «recargar» sus piedras poniéndolas al sol. Tienes que saber que el color de algunas se desvanecerá con el tiempo y se volverá cada vez más pálido, o desaparecerá si están demasiado expuestas a la luz solar directa. Este es el caso de la familia del cuarzo cristalino y variedades de colores como la amatista, la citrina, el cuarzo ahumado, el cuarzo rosa, la prasiolita, etc., o la familia de la espodumena, como la kunzita y la hiddenita.

...

Choques térmicos

Algunas piedras pueden fisurarse si se exponen a diferencias de temperatura significativas. Este es el caso en la familia de los cuarzos cristalinos: cuarzo rosa, amatista, cristal de roca, cuarzo ahumado, etc. Si deseas ponerlas bajo el agua, es conveniente que esta esté a la misma temperatura que la piedra.

Escisión

Algunas piedras tienen direcciones de escisión o fractura; es decir, en ciertas direcciones los electrones son más débiles y, si se golpea en este lugar, la piedra se partirá. Por lo tanto, es necesario prestar atención a los golpes que estas piedras puedan recibir y evitar que caigan sobre un suelo duro. Este es el caso, entre otros, de la fluorita, la calcita, el topacio, el diamante, los feldespatos (piedra lunar, amazonita, piedra solar, labradorita), la selenita, la escapolita...

La práctica
del huevo yoni

▲▲▲▲▲▲▲▲▲▲▲

Los primeros pasos

Conoce tu huevo

Si para ti es la primera vez en la vida —¡sí!, la vida está jalonada de «primeras veces»—, es posible que tengas cierto temor y te preguntes qué harás, cuándo y cómo comenzar la práctica. Te sientes casi lista para empezar, pero no del todo. Tienes miedo, y eso es normal. No te precipites, ya llegará el momento adecuado para comenzar a practicar. **Lo primero es empezar a establecer un vínculo con el huevo como con un nuevo amigo.** Un «hola, ¿qué tal?» es un buen comienzo. Hay muchas maneras distintas de familiarizarse con el huevo. Para algunas el encuentro es inmediato; para otras es necesario primero establecer una relación, y para otras habrá que esperar a que llegue el momento oportuno.

LAS IMPACIENTES

 Aunque estaba ansiosa por probar el huevo yoni, me tomé tres días para familiarizarme con él. Al principio me paseaba con él en el bolso.
Sophie

 No tardé mucho en usarlo. Nos familiarizamos el uno con el otro de inmediato… Esta noche será nuestra cuarta cita.
Stéphanie

LAS PACIENTES

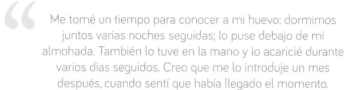

Me tomé un tiempo para conocer a mi huevo: dormimos juntos varias noches seguidas; lo puse debajo de mi almohada. También lo tuve en la mano y lo acaricié durante varios días seguidos. Creo que me lo introduje un mes después, cuando sentí que había llegado el momento.

Laure

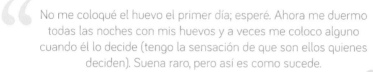

No me coloqué el huevo el primer día; esperé. Ahora me duermo todas las noches con mis huevos y a veces me coloco alguno cuando él lo decide (tengo la sensación de que son ellos quienes deciden). Suena raro, pero así es como sucede.

Béatrice

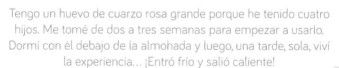

Tengo un huevo de cuarzo rosa grande porque he tenido cuatro hijos. Me tomé de dos a tres semanas para empezar a usarlo. Dormí con él debajo de la almohada y luego, una tarde, sola, viví la experiencia... ¡Entró frío y salió caliente!

Maud

Desde que empecé a practicar, voy de sorpresa en sorpresa. Me llevó mucho tiempo conocer a mis dos huevos yoni, pero desde que lo hice me siento viva otra vez; he vuelto a ser la que era antes, dulce, graciosa, compasiva y llena de energía.

Muriel

Los consejos de las iniciadas

Muchas de vosotras me habéis dado sus consejos para alentar a otras mujeres. Los principales han sido:

- — Tómate tu tiempo.
- — Escúchate y escucha a tu yoni.
- — Confía en ti y en tu intuición.
- — Prueba el huevo durante un periodo corto de tiempo y luego amplía ese tiempo; domestícalo poco a poco.
- — Ve despacio y usa un huevo yoni perforado, con un hilo, sobre todo al principio, para evitar un pánico innecesario y poder retirarlo fácilmente.
- — Espera el momento adecuado; espera el deseo de que el momento llegue; espera a estar lista para abrirte a nuevas posibilidades.
- — Hazte amiga de la piedra antes de cualquier uso.

Si es la primera vez, no te contraigas, respira lentamente, relájate y usa aceite de coco, oliva, sésamo o almendra.

Emma

No debemos buscar un resultado, sino observar cómo reacciona nuestro cuerpo al contacto con el huevo mientras nos acariciamos. Es importante alejarse de la imagen de la mujer masturbándose. No debemos sentirnos culpables de disfrutar un momento de intimidad. Es como un momento de meditación.

Marianne

La primera vez, me lo coloqué acostada y no lo tuve mucho tempo. Creo que has de escucharte, insertarlo con suavidad. Cuando la yoni está lista para eso, se abre naturalmente. Y cuando te canses, tienes que quitártelo delicadamente y sin ninguna exigencia.

Florence

Prepara tu huevo yoni para la práctica

▶ La limpieza

Antes de usar el huevo, tómate un momento para limpiarlo y prepararlo. Cada cual encontrará la mejor manera de limpiar su huevo, pero ha de hacerse con mucho cuidado.

Se puede lavar bien con jabón suave o con una solución a base de vinagre, enjuagarse con agua tibia, aumentando gradualmente la temperatura del agua y luego secarse con un paño limpio.

Si has elegido un huevo perforado, puedes limpiar el interior del orificio con un pequeño cepillo interdental. Esto lleva un poco más de tiempo. Mantak Chia aconseja: «Déjalo remojar en agua con aceite esencial de árbol de té. El hilo del huevo deberá ser reemplazado después de cada uso».

Corinne Léger recomienda especialmente el uso del aceite esencial de árbol de té: «Tiene propiedades antisépticas, antifúngicas (contra la micosis) y antivirales. Se recomienda para problemas de parásitos (*Trichomonas vaginalis*); este aceite esencial también es antiinflamatorio, antioxidante y cicatrizante, tiene un espectro de acción muy amplio y respeta la mucosa y la flora vaginal».

> Yo utilizo el jabón de Alepo para limpiar mi huevo, antes y después de usarlo. Luego le aplico aceite esencial de lavanda primero y aceite esencial de árbol de té después.
>
> *Aurélie*

¡Pero tranquilas, por favor! Tampoco esterilizamos nuestras partes íntimas ni las de nuestros hombres antes de hacer el amor, ¿no? ¡Relajémonos del mismo modo con el huevo y utilicemos las medidas de higiene que consideremos adecuadas sin obsesionarnos!

▶ La limpieza energética

A nivel energético, tu huevo entrará en contacto contigo y con las energías encerradas en tu yoni. Las piedras pueden transmitirte sus cualidades energéticas, pero el huevo también absorberá y limpiará las energías negativas estancadas en tu yoni. **Y para que mantenga esa capacidad de captar tu energía, debes limpiarlo regularmente de la mala energía que irá absorbiendo.** Compartiré con vosotras, en el cuarto capítulo de este libro, consejos inestimables para realizar esta limpieza energética, para los rituales y para hacerlo con creatividad e intuición.

▶ Prográmalo

Antes de introducir el huevo, acompaña este gesto con la intención de descubrir esta parte de tu cuerpo, escuchándola, para que te guíe. En el cuarto capítulo de este libro explico en detalle el poder de la intención y cómo transmitírsela a tu huevo yoni.

▶ Ata tu huevo yoni

Algunos huevos yoni se perforan para atarlos a un hilo. El hilo te permitirá quitarte el huevo cuando lo desees. Esto te tranquilizará la primera vez, hasta que te familiarices con él, con esta práctica y con tu yoni.

En lo a mí respecta, prefiero los huevos yoni perforados horizontalmente en la parte más pequeña del huevo (algunos se perforan verticalmente). La parte más ancha del huevo es la que primero entra en la vagina, el hilo se orientará hacia abajo, como el de un tampón, para tirar de él y sacar el huevo fácilmente.

Procúrate un hilo de algodón (del tipo de los que se usan para cocinar), o un hilo dental (el menos sintético posible), o un hilo de pesca (este es el menos agradable). Yo prefiero los de algodón, aunque el de seda sea más fácil de enhebrar.

Cuando hayas elegido el hilo, puedes establecer su longitud midiendo desde el codo hasta la mano y cortar. Una vez cortado, dóblalo.

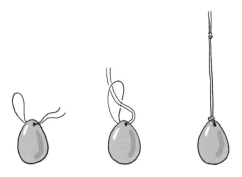

Pasa el hilo doble por el agujero, forma un lazo y haz un nudo en el extremo para que no se mueva. ¡Y ya está listo el huevo para usar!

Prepara tu cuerpo para practicar

▶ Haz sonreír al yoni desde tu interior

La práctica de la sonrisa interior de Mantak Chia es tan simple como valiosa para acompañar la del huevo yoni. Consiste en sonreír internamente a los órganos, al vientre, a los intestinos y, por supuesto, al yoni. Encuentra un lugar para sentarte con los ojos cerrados; deja que tus emociones y tensiones se evaporen. Respira profundamente. Siente los ojos y muévelos en sus órbitas suavemente; luego, déjalos descansar.

Mantak Chia explica:

> La práctica de la sonrisa interior comienza con los ojos, porque están conectados al sistema nervioso autónomo que regula la acción de los órganos y las glándulas. Los ojos son los primeros receptores de las señales emocionales que causan la activación de los órganos y las glándulas durante el estrés o el peligro, y reducen su actividad una vez

que la crisis ha pasado. Cuando todo está bien, los ojos reaccionan de manera tranquila y equilibrada. Por lo tanto, simplemente relajando los ojos, todo el cuerpo se relaja, lo que permite que la energía esté disponible para empezar a practicar.

Deja que la sensación de relajación se extienda por toda tu cara, tu cráneo, tus huesos, tu cuerpo. Sonríe con plena conciencia mientras respiras.

De forma natural, una sonrisa se dibuja en tu cara. Con esa sonrisa, inspira y espira profundamente. Tu respiración se vuelve cada vez más alegre. Ahora dirige la sonrisa a cada uno de tus órganos. Bájala, como un chorrito de agua, a través de la mandíbula, del cuello, y luego desplázala hacia los pulmones, el hígado, la vesícula biliar, el páncreas, el estómago y el bazo, a la izquierda. Luego, incluye los riñones, en el medio de la parte baja de la espalda, las glándulas suprarrenales, la vejiga, y después el estómago, los intestinos, el colon, los órganos sexuales ¡y tu yoni! Dirige tu respiración alegre hacia la yoni y llénala de energía. Tómate un momento para visualizar esta energía vivificante que se propaga a través de estas partes de tu cuerpo: la vagina, el útero, las trompas, los ovarios, el clítoris, los labios, etc. Siente este masaje interno mientras sonríes y disfruta del momento.

Mantén la sonrisa interior en tu cara durante las practicas con los huevos yoni y, si lo deseas, hazlo hasta el final del día.

Aïsha explica: «Pasar tiempo sonriéndole a tu yoni parece un poco extraño, pero realmente es la práctica básica del huevo de jade, ir tomando conciencia de este espacio; es el hecho de dejar que la energía de la yoni llegue a abarcar todo el espacio de la vulva, el espacio de la vagina, los labios externos e internos, todas las aberturas internas, eso que llamamos cueva de jade. Es la llave que abre un portal; entramos en una cueva y luego ¡en el palacio de jade! Este es el palacio donde tu diosa habita; es un espacio hermoso y sagrado».

▶ Utiliza los automasajes para liberar la energía sexual bloqueada

Antes de usar el huevo yoni, es aconsejable hacerse algunos automasajes para entrar en confianza. Estos masajes no son prácticas masturbatorias, sino más bien preparaciones energéticas y emocionales para que el trabajo con el huevo sea lo más suave posible.

He aquí algunos ejemplos que nos ofrecen dos expertas en la materia.

Los consejos de Sarina

Este primer ejercicio, descrito por Sarina Stone durante una de mis entrevistas en el Tao Garden, es el resultado de años de investigación guiados por Mantak Chia.

La técnica de las «patas de gato» (*cat paws*) es muy simple. Los gatos hacen un movimiento con las patas cuando desean abrirse camino o perderse, o simplemente cuando intentan conseguir un lugar más agradable para recostarse. Te invito a hacer lo mismo, a practicar estos delicados gestos con las manos sobre el estómago. Aplica las palmas de las manos y los dedos a un lado y al otro del estómago con una presión suave y alternada. Si sientes dolor en alguna zona, presiona esta parte del cuerpo con las yemas de los dedos, respirando y sonriendo, hasta que la zona se vuelva más flexible. Luego, espera un minuto o dos para que la energía circule de nuevo, y no olvides sonreír a tus órganos al hacerlo. Visualiza algo que se derrite y se desparrama en tu vientre.

Los consejos de Shashi

Con el transcurrir del tiempo, nuestra yoni va almacenando recuerdos de todo tipo. En la isla de Koh Phangan, en Tailandia, Shashi Solluna me dio consejos muy valiosos para prepararme antes de introducir el huevo.

Me gusta invitar a la mujer a que empiece presionando suavemente el huevo en diferentes partes de la apertura de su yoni y sostenga el huevo ahí durante un rato. Se pueden sentir pequeñas contracciones: la yoni comienza a vibrar y luego a relajarse. Muy a menudo, esto produce una inmensa liberación emocional, lo cual es bueno, porque permite abrir las zonas de bloqueo en la yoni. En esos lugares podemos entonces seguir masajeando nuestra yoni con el huevo.

Las primeras veces, dedica mucho tiempo a masajearte los senos mientras sostienes el huevo en la abertura de la yoni. Imagina esta abertura como las manecillas de la esfera de un reloj. Presiona con suavidad la yoni realizando movimientos circulares sobre esa esfera. Continúa unos segundos, respira, continúa, respira.

Si comienzas la práctica con el automasaje, tu yoni estará lista para recibir el huevo y que este se conecte contigo. Es un maravilloso regalo que puedes ofrecerte.

La yoni es un espacio muy profundo y secreto que puede almacenar recuerdos que, tras hacerse conscientes a través de la práctica con el huevo, pueden provocar distintas emociones ¡y hasta hacerte llorar!

¡No te sorprendas si tu yoni recupera su juventud, vivacidad, confianza, y si se relaja después de esta liberación! Ha comenzado para ti un proceso de autosanación.

▶ Lubricantes, si es necesario

Si tienes la sensación de estar poco húmeda o lubricada, ¡tómate un poco más de tiempo para ponerte en forma! Frótate las manos con brío y ponlas en el pecho. Recoge la energía del corazón y comienza a masajearte el vientre, la parte interna de los muslos, la estructura ósea alrededor de los genitales y la yoni.

Siente el calor, la energía amorosa que se abre y que calma la tensión en todo el cuerpo. Respira. Sonríe y coloca una mano sobre el corazón y la otra sobre la yoni. Pronuncia tres veces, como si de un mantra se tratase, el sonido «Hawwww» y sonríe.

Haz aumentar la emoción, masajéate los senos. ¡Mímate! Utiliza aceite de coco o de aloe vera. Esta planta tiene propiedades curativas, si hay una cicatriz o una irritación dentro de la yoni; además, refresca de manera natural.

Me gusta usar aceite de coco para masajearme, y humectar el huevo con unas gotas de aceite esencial de sándalo.

Bénédicte

No dudes en utilizar una crema natural para promover una mejor hidratación externa que facilite la introducción del huevo. Llevar el huevo yoni en ti y practicar los ejercicios y rituales descritos en esta guía promoverá una mejor humectación natural de la vagina.

Relájate y disfruta de este momento íntimo para mimarte, darte un masaje y prepararte para practicar con el huevo yoni.

Cuando tengo ganas, cuando estoy bien, elijo la piedra adecuada según el día. Me desnudo con una luz tenue y deslizo el huevo frío por la entrada de mi vagina. Lo sostengo con una mano mientras que con la otra me voy acariciando los pechos. Siento la energía que se despierta en mí y cómo mi huevo es absorbido con suavidad.

Marianne

Las prácticas internas

Introducir el huevo en la yoni por primera vez

Al fin te sientes lista para acoger a tu huevo. Tu yoni se siente cada vez más entusiasmado con este encuentro.

Lara Castro, sexóloga experta en huevos yoni, nos dice: «Te invito a que sientas la textura de tu yoni con la mano antes de insertar el huevo. Aprende a conocerte a ti misma. Nosotras sabemos escuchar mejor que nadie lo que está sucediendo en nuestro cuerpo. Con un espejo, observa esa parte de tu cuerpo, separando suavemente los labios de tu yoni, y toca tu interior».

Naturalmente, es posible que la primera vez que lo hagas te sientas tímida e inhibida. Este encuentro y esta exploración se realizarán suavemente y siguiendo los consejos que aparecen a continuación. Te recomiendo que leas este libro íntegramente antes de comenzar la práctica con el huevo yoni. Porque, además, mientras lees con atención esta guía, el deseo y la curiosidad irán creciendo en ti. Y cuando haya llegado el momento te sentirás lista y emocionada.

▶ Introdúcelo con suavidad

Comienza por encontrar y crear un espacio íntimo para practicar con el huevo yoni; debes sentirte bien y relajada. Por ejemplo, en tu habitación. Lo ideal es que estés sola en casa.

Lo uso cuando estoy sola; voy a mi habitación y tengo en cuenta los consejos del libro. Me acaricio, sonrío… ¡Es delicioso!
Rachel

Después de limpiarte las manos y el huevo (de acuerdo con las condiciones de higiene válidas para cualquier inserción interna de objetos, como se explica en este libro) y de calentar el huevo entre las manos o poniendo la piedra bajo agua tibia, cógelo en la mano izquierda y colócalo en la zona del corazón. Esta práctica puede realizarse acostada o de pie. Pon la mano derecha sobre tu yoni.

Pronuncia tres veces el sonido «hawwww»: siente el amor, la alegría y el calor del corazón en todo el cuerpo y en cada una de sus células. Respira profundamente. Estate atenta a la región pélvica y a tus órganos genitales; míralos y pídete permiso para practicar (si lo que oyes es un «no», aún no lo hagas; espera un mejor momento). Obtener un «no» significa que tienes dudas o miedo a actuar. Sentir un «no» también significa que tu cuerpo no está todavía listo.

No te juzgues a ti misma, solo observa y respeta este «no» pasajero de tu cuerpo, para practicar en otro momento. Los recelos del principio son absolutamente normales. Respira y espera una hora más apropiada, o tal vez otro día. Cuando ya estés lista, sentirás la dulzura y la emoción de comenzar esta nueva aventura. ¡Continúa compartiendo momentos con tu huevo y haz que tu yoni se comunique con él en el momento adecuado!

Si sientes que ya estás preparada, pon el huevo en contacto con tu yoni. Para facilitar este encuentro, colócalo suavemente contra los labios mayores y realiza suavemente círculos con él hasta que descubra un lugar cómodo. Respira lenta y profundamente. Con una sonrisa interior, haz que descienda la energía amorosa del corazón y vuelve a respirar de manera profunda y suave.

Libera tu pensamiento al sentir el contacto con el huevo en esa parte del cuerpo; aprecia su temperatura y su suavidad. «Introdúcete el huevo yoni con alegría, con una disposición mental positiva, acompañada de una sonrisa interior y exterior», aconseja José Toirán.

La introducción del huevo se hace de modo muy natural, ya sea en posición sentada, acostada o de pie. Siente que tu yoni «absorbe» el huevo durante la inspiración y percibe luego la apertura de la vagina durante la exhalación, como un bostezo. Te puede llevar algún tiempo realizar el ejercicio de esta manera con cierta naturalidad. Si así fuera, respira y simplemente visualiza cómo la introducción del huevo se realiza con facilidad. También puedes poner música y encender una vela para relajarte.

Al presentarle el huevo yoni a tu sexo, este lo «absorberá» en mayor o menor medida dependiendo de tu tono muscular y del estado anímico de ese momento. Ayúdalo a entrar con el dedo, pero sin forzar, como lo harías con un tampón. ¡El huevo yoni se alojará en la vagina y se mantendrá caliente! Así es como los músculos de tu yoni se contraerán y recuperarán su tono natural.

Si el huevo no se instala fácilmente en la vagina, es posible que el tamaño no sea adecuado (usa un huevo yoni más grande durante algún tiempo) o que tu yoni necesite de más entrenamiento, o quizás sea hora de consultar a tu ginecólogo para que realice un examen más profundo de tu suelo pélvico, por ejemplo.

> Lo introduje de inmediato y sin miedo. ¡No es más complicado que aplicarse un tampón!
>
> *Valérie*

> Inmediatamente aprecié el contacto con el huevo, que introduje pacientemente, sin dificultad y con un verdadero placer (algo totalmente nuevo para mí).
>
> *Isabelle*

▶ Mantén el huevo en el interior

Una vez que el huevo se inserta en la vagina, el primer paso es aprender a mantenerlo dentro sin perderlo. Mantak Chia explica:

Llevar el huevo en ti es estar ya practicando, incluso si al principio el huevo se te cae. El huevo no siempre se mantiene en su lugar; esto depende del tono de tu perineo. No te asustes por ello: si usas bragas (no demasiado ajustadas), ellas recogerán el huevo. Límpialo y vuelve a insertarlo; luego, sigue con lo que estabas haciendo como si nada.

Aprender a mantener el huevo dentro sin perderlo será tu primer objetivo. La clave es aprender cómo conservarlo en tu interior, después de lo cual puedes empezar a caminar por la casa y, si estás preocupada, contraer la vagina y entrenarte para volver a colocar el huevo en su lugar.

Otro consejo que José Toirán me dio: ¡no lo pierdas; ata el hilo del huevo a tus bragas! Es posible que el huevo se escape mientras vas al baño, o cuando te estés riendo con un amigo o cuando estornudes. En estas situaciones, tu útero se mueve y puede empujar el huevo hacia afuera. Con un poco de ejercicio, pensarás en contraer los músculos y mover el huevo hacia la parte media de la vagina. Incluso puedes jugar con ese movimiento de contracción para subirlo y bajarlo. Estas contracciones contribuirán a un mayor control del huevo.

Al principio es mejor que no tengas muchas expectativas. Deja que el cuerpo y la yoni actúen. Déjate llevar. Diviértete sola o con tu pareja. Tu cuerpo interactuará con el huevo, tus sensaciones progresarán por sí mismas, aumentarán tu conexión y el conocimiento de tu yoni. ¡Lo importante es que hayas decidido ponerte en movimiento!

Es cierto que empecé a sentir mejor toda mi vagina y a poder contraerla durante mis relaciones; notaba que mis orgasmos eran más intensos. Siento que ha comenzado un bello viaje y continuaré con él.

Claire

▶ Haz pausas

Es importante tener en cuenta que el tiempo de descanso entre las prácticas es tan valioso como el tiempo dedicado a los ejercicios recogidos en este libro. Durante este lapso, observaremos nuestra yoni, sus mensajes y los cambios que le permitirán empezar a reconstruirse.

No es aconsejable, especialmente al comienzo de la práctica, mantener el huevo yoni dentro durante todo el día. Escucha a tu cuerpo y la sensibilidad de tu yoni, que se expresará cada vez con más claridad. Al principio basta con unos cuantos minutos de contracciones y relajación.

Si has usado el huevo yoni durante un día entero, se recomienda luego un descanso de uno o varios días. Como explicaré más adelante en este capítulo (véase la página 121), se pueden hacer ejercicios con el huevo yoni o simplemente alojarlo en ti algunas horas durante el día contrayendo y relajando la yoni de vez en cuando. También existen rituales (véase la página 107) que permiten familiarizarse con el huevo yoni antes de introducirlo.

Jutta confirma el interés de este enfoque progresivo basado en la percepción y la experiencia: «Podemos hacerlo todos los días si queremos. No es necesario hacerlo durante mucho tiempo; unos minutos son suficientes, con una práctica concentrada en la que enfocarnos. La actividad cerebral debe descender a la vagina para volver a conectarse con ella. Nos concentramos para sentir que toda nuestra energía se focaliza alrededor del huevo».

▶ Cómo recuperar el huevo

Recuperar el huevo no siempre es lo más sexi y elegante. **A veces tendrás que hacerlo en función del estado de ánimo de tu huevo y tu yoni.** Suena gracioso, pero a veces sentimos realmente que nuestra yoni no quiere acogerlo. ¡Y ella sabe cómo hacérnoslo saber! Por ejemplo, mediante unas ganas terribles de ir al baño.

No hace falta explicar que el huevo yoni puede ir a parar al fondo de la taza del inodoro. ¡Sí, lamento decirte que esta es una realidad que sin duda acompañará tu práctica! ¡Nos espera más de una sorpresa cuando empecemos!

Si tienes la sensación de que el huevo no quiere salir y prefiere mantenerse alojado en ti, escúchalo; quizá desee trabajar un poco más en ti. Si quiere quedarse más tiempo, siempre que no haya molestias ni dolor y estés serena, déjalo donde está y escucha con amor a tu yoni.

Si quieres retirar el huevo, respira hondo y exhala tirando con suavidad del hilo. Relájate: ¡saldrá!

> Tengo confianza en mi capacidad para contraer y expulsar el huevo si lo deseo. Estoy muy contenta de que mi huevo permanezca en mí el tiempo deseado y de poder expulsarlo sin problemas.
>
> *Nathalie*

Si practicas con un huevo sin hilo, tose, ríe, empuja, y verás cómo sale rápidamente. De lo contrario, agáchate y pon tu huevo. **¡No te asustes! Terminará saliendo.** Confieso: ¡una vez lo mantuve dentro durante seis días! Esto no es aconsejable al principio. Quise probar la experiencia de introducirlo sin hilo y el huevo decidió mantenerse caliente en mis entrañas. Ahora, gracias a la práctica, puedo expulsarlo tan pronto como quiera.

> Yo empecé con un huevo yoni sin hilo. Después de veinticuatro horas de pánico, porque no podía alcanzarlo con los dedos, salió de modo natural. Desde ese día, sé que el huevo se expulsa a sí mismo.
>
> *Éliane*

> Tengo un huevo yoni que adoro. Nunca temí que quedara atrapado en mí, porque confío en mi cuerpo. Lo quiero y siempre lo he encontrado valiente y conectado.
>
> *Véronique*

Empieza la práctica

¡Ahora sí! Estás en las mejores condiciones para empezar a practicar. Aquí tienes algunos ejercicios para empezar. Los puedes realizar acostada, sentada, arrodillada o de pie.

Cuando vayas a introducir el huevo, como ya he dicho, emite un sonido, un suspiro si es necesario, y luego lleva el huevo a la entrada de tu yoni, la parte más grande primero. Con un movimiento suave, abre el cuerpo y deja que el huevo entre muy lentamente.

Una vez que lo hayas introducido, continúa inhalando y exhalando mientras contraes y relajas la vagina para tonificarla. Añade un suave movimiento de la pelvis. Si lo deseas, haz una contracción más intensa al inhalar y empuja hacia afuera mientras exhalas; de esta forma, el huevo se mueve de fuera hacia dentro y viceversa. Puedes añadir, si quieres, movimientos de la cadera.

José Toirán explica: «Cuando practicas con el huevo yoni, observa tu cuerpo. Presta atención a las tensiones en el cuello y los hombros. Relájate, obsérvate otra vez y disfruta. Luego, actúa en consecuencia voluntariamente. El huevo yoni a menudo hace que las personas sean conscientes de aquellos problemas del cuerpo que merecen más atención. Permítete un trabajo proactivo».

Sé consciente de la presencia del huevo en tu cuerpo cuando lo muevas dentro de ti. Tus sensaciones se harán cada vez más perceptibles y sutiles a medida que practiques de un modo regular. Observa estas sensaciones en el cuerpo y anota en tu diario después de cada práctica lo que has sentido, lo que te gustó y lo que no te agradó tanto.

Si todo va bien, continúa con el hilo y comprueba si sientes que el huevo se mueve cuando contraes la vagina. Al principio no sentimos bien el huevo, y eso es normal. Con el tiempo, ganamos en sensibilidad. La atención, al comienzo, debe centrarse en comprender y observar la diferencia entre la relajación y la contracción.

Empezarán a emerger distintas emociones y sensaciones. «En nuestras yonis están contenidas muchas emociones, y algunas se revelarán durante la práctica con el huevo», dice Lara Castro.

Si tu cuerpo y tu yoni están de acuerdo, sigue intentando empujar el huevo y expulsarlo para sentirlo moverse y salir.

«Cuando a una mujer le resulta más fácil expulsar el huevo que introducirlo, esto suele ser un signo de que le da mucho más a los demás de lo que se da a ella misma. Por ejemplo, a su familia. Trabajar con el huevo dedicando unos momentos a encontrar su propio espacio será beneficioso para ella y para su entorno», afirma José Toirán.

Al principio no es fácil, pero se hará más simple y natural con la práctica. El hilo puede ayudarte a retirar el huevo; no dudes en usarlo. Personalmente, no suelo usarlo, porque ahora tengo confianza en el huevo y puedo eliminarlo a voluntad. Conozco mejor mi cuerpo y me resulta más poderoso expulsar el huevo sin ayuda. Otro recurso, si tienes dificultades para expulsarlo, es ponerte en cuclillas: empújalo y caerá por sí mismo.

> Pongo mi huevo delante de mí como un tesoro y sonrío, con el cuerpo y con la cara. Me masajeo el vientre, escucho a mi cuerpo, le doy las gracias y le presento el huevo a mi yoni ayudándolo con suavidad. Estoy tratando de visualizarlo subiendo y bajando al ritmo de mi respiración; esta es la etapa en la que estoy ahora. Siempre lo mantengo dentro de mí unas horas hasta que siento que quiere salir.
>
> *Cécile*

Empieza a descubrirte a ti mismo

Estos son algunos de los ejercicios que Mantak Chia me transmitió en el Tao Garden y que me gustaría compartir con vosotras. Entre cada una de las siguientes prácticas, energiza tus manos frotándotelas entre sí, masajéate el vientre y los ovarios, lleva las manos hacia el corazón y masájeate los senos para llenarte de compasión y energía. Piensa en sonreír interna y externamente. Que logres un estado mental positivo y feliz es importante para realizar estos ejercicios.

LA PRÁCTICA DEL HUEVO YONI

▶ Ejercicios para fortalecer los órganos

Acuéstate; luego, inhala y aprieta el huevo yoni en la vagina. Eleva el pubis lo más alto posible. Exhala mientras te relajas y haz descender la espalda hasta el suelo, vértebra por vértebra, mientras pronuncias los sonidos «mmm», «oooh» o «aahh». (Abrir la garganta es importante, y esto se desarrollará durante la práctica).

▶ Movimiento alternativo de los pies

Estira un pie hacia adelante. Ten en cuenta que el movimiento comienza en tu interior alrededor de los órganos genitales. Empieza con el pie derecho o el izquierdo, y luego alterna. Las caderas han de estar relajadas y poder moverse libremente. Tómate tu tiempo. Coloca las manos en la parte inferior del abdomen y lleva tu atención a esta zona. Alterna el estiramiento de los pies, vinculado al bajo vientre.

▶ El «limpiaparabrisas»

Este ejercicio se llama así por el movimiento que realizan los pies, idéntico al de un limpiaparabrisas. Abre las piernas ligeramente y flexiona los pies de manera simultánea hacia adentro. Mantén los pies flexionados todo el tiempo. Ábrelos hacia afuera, apretando los glúteos, y tráelos nuevamente, de modo que los dedos gordos se acerquen y se toquen entre sí. Siente cómo se activa la zona genital en la parte delantera y en la trasera.

Importante: Descansa después de cada serie. Mantén la lengua relajada y en contacto con el paladar. Sonríele al cuerpo. Si sientes alguna molestia, masajea el área con tus manos amorosas y descansa. No continúes, descansa. Como estás trabajando con los músculos, pueden estar cansados o doloridos al principio.

▶ Ejercicios de los tres orificios

Durante un taller que organizamos para José Toirán y Lara Castro en Burdeos, esta propuso algunos ejercicios que me parece interesante ofrecer aquí.

Registra en tu diario cómo te sientes y observa cada una de las distintas etapas. La conciencia del cuerpo, de la yoni, de las emociones y de los sentimientos son indicios valiosos para mejorar la práctica, comprender mejor el cuerpo, progresar y disfrutar de sus beneficios y secretos.

1. Introduce el huevo, sostén el hilo y haz una serie de contracciones y relajaciones de la yoni.

2. Localiza los tres orificios: uretra (1), vagina (2), ano (3). Cierra cada uno por separado, primero en orden 1, 2 y 3, y luego 3, 2 y 1. ¿Cómo te sientes? ¿Eres capaz de identificar estas tres zonas? Si no es así, vuelve al primer capítulo, que describe la anatomía de esta parte del cuerpo, usando un espejo para examinarla, ya que es esencial conocerla para practicar los ejercicios con huevos yoni.

3. Distingue el triángulo inferior y superior de tu yoni: contrae primero la vagina y la uretra, y luego el ano. El otro triángulo es el ano y la vagina contraídos a la vez, y luego la uretra. Obsérvate: ¿cuál de los dos triángulos contraes más fácilmente?

4. Visualiza los isquiones (los huesos que forman la pelvis y que, en posición sentada, soportan el peso del cuerpo) y trata de empujar para hacer que estos dos huesos se toquen. No es posible anatómicamente, pero trata de imaginarlo y buscar una sensación. Pregúntate: «Si pudiera hacerlo, ¿qué músculos debería contraer?». Cierra los ojos e identifica lo que se está moviendo en ti. Encuentra la mejor postura para hacerlo; luego imagina que el coxis y la pelvis se encuentran. Luego, combina los dos movimientos de los músculos que se juntan, uno después del otro,

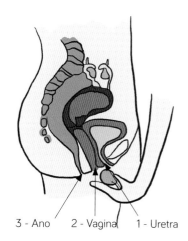

3 - Ano   2 - Vagina   1 - Uretra

alternativamente, mientras respiras. Finalmente, trata de contraer todo al mismo tiempo. Cuenta el número de segundos que dura la contracción, ya que es importante que la relajación dure el doble que la contracción. Esta regla se aplica a todos los ejercicios realizados con el huevo.

5. Haz como un gato: a cuatro patas, redondea la espalda y luego arquéala. Esta posición permite relajar la pelvis. Obsérvate: ¿se está moviendo el huevo?

6. Siéntate con las nalgas sobre los talones y estira los brazos, la espalda, todo el cuerpo.

7. Retira suavemente el huevo y tómate un momento para relajarte.

▶ Práctica avanzada

Esta última técnica, propuesta por Mantak Chia, es más avanzada. Las mujeres que ya tienen bastante experiencia con el huevo, pueden agregar pesos pequeños para trabajar un poco más sus yonis. La práctica se realiza de pie. Una vez que tengas claros los consejos explicados en este libro y hayas practicado regularmente durante varias semanas y meses, podrás hacerlo. Esta técnica no tiene por qué ser practicada por todas. Escucha a tu cuerpo y tus sensaciones.

Consigue una bolsita con un cordón de cierre y coloca algunas joyas, piedras o cristales como peso. Ata el cordón de la bolsa al hilo de tu huevo yoni. Una vez que hayas introducido el huevo yoni, respira profundamente y empieza a practicar: alterna las contracciones con la relajación. Luego, de pie, con las piernas separadas, con el peso pequeño entre las piernas, aprieta mediante contracciones el huevo y haz que se mueva. Esta práctica mejorará el tono de la yoni y podrás aumentar gradualmente el peso. Si este es demasiado grande, la vagina no podrá sostener el huevo; quita algo de peso entonces y ve aumentándolo gradualmente.

Repito, el objetivo no es tener un yoni supermusculoso, sino que pueda liberar todo el poder, el placer, y recuperar el tono. Escucha a tu cuerpo.

Para esta práctica avanzada, es bueno usar un huevo de jade o aventurina, porque la piedra es más fuerte, más resistente que otras, en especial el cuarzo.

Una práctica para los hombres

Nuestros hombres también pueden usar huevos de jade. No por las mismas razones, por los mismos beneficios ¡o por el mismo orificio, claro!

Mantak Chia recomienda para ellos un huevo pequeño: «Para los hombres, hay que elegir un huevo pequeño de jade. Ha de tener además un hilo. Es preciso lubricar el ano e insertar el huevo con mucha suavidad. Para sentir el huevo, es necesario contraer los músculos de esta zona. Con la ayuda del hilo, el huevo se moverá suavemente hacia arriba y hacia abajo».

José Toirán añade: «Es esencial ponerle un hilo al huevo, porque, a diferencia de cuando se inserta en una vagina, el huevo puede ir al interior del cuerpo. Hay que comenzar por colocar el huevo cerca del ano y jugar con él antes de insertarlo. El punto G de los hombres está en el ano. Esta práctica no solo masajeará la próstata, sino que le permitirá sentir un gran placer.

123

Llévalo
a diario

Hay muchas maneras de usar el huevo en la vida cotidiana de una mujer superactiva, moderna, sola o con su pareja. ¡Dedicarte tiempo a ti misma todos los días llevando este objeto secreto es estimulante y emocionante! Te permitirá brillar en las situaciones cotidianas más ordinarias sin que nadie sepa muy bien por qué.

> Pude experimentar la seguridad de poder llevar el huevo durante mucho tiempo solo en contacto con mi sexo, ni dentro ni fuera, solo en contacto íntimo, sin impaciencia alguna, sin presiones. Me garantizó la integridad como mujer.
>
> *Bénédicte*

> Ahora soy más consciente de mis músculos, mi vagina, mis movimientos internos. Mi punto G ha recuperado su sensibilidad, mi útero se ha relajado. Ya no tengo dolores menstruales, ni durante el sexo, ni tampoco lumbalgia.
>
> *Lucie*

> En cuanto lo tuve en mi mano, una poderosa energía de infinita dulzura me habitó y lo seguí llevando en la mano dos días. Para empezar, lo usé en casa; luego comencé a usarlo para ir a trabajar. Me lo inserto poco, demasiado poco todavía; sin embargo, casi nunca lo dejo: su contacto en la palma de mi mano, en el bolsillo o en el bolso me calma y me protege.
>
> *Sidonie*

¿A qué ritmo?

Cuando te hayas familiarizado con el huevo y sus prácticas, puedes empezar a intensificar el trabajo. No existe ningún riesgo por llevar el huevo en ti durante mucho tiempo; solo has de respetar algunas reglas de higiene y estar atenta a tu cuerpo.

> Lo uso varias veces a la semana, según mis estados de ánimo.
> *Evelyne*

> No puedo practicar más de dos veces por semana. Solo lo utilizo cuando no estoy trabajando, porque no puedo usar el huevo durante épocas de estrés en el trabajo; prefiero hacerlo respetando mi ritmo natural.
> *Mireille*

> Me conecto y siento cómo contraigo el huevo para trabajar los músculos. Lo uso unos cinco días al mes, no más.
> *Alice*

> No lo uso regularmente. Percibo cuándo estoy realmente preparada para acogerlo y en ese momento elijo la piedra correcta y me acuesto para hacer los ejercicios de contracción y relajación. Luego mantengo el huevo dentro de mí durante una hora.
> *Chloé*

Cuídate durante la práctica

Para usar el huevo, tienes que sentirte realmente preparada desde el interior, con el corazón, el cuerpo y la yoni en sintonía. Al practicar con el huevo yoni, debes estar atenta a tus sentimientos. Debes quitártelo si sientes molestias, picazón, inflamación o exceso de flujo vaginal, lo que puede indicar una infección por hongos debido a un cambio en la flora. No te sientas obligada a ponértelo o mantenerlo dentro, porque ese no es el propósito de la práctica. Solo intenta escucharte y, lo más importante, tómate todo el tiempo que necesites.

¿Cuándo y dónde?

▶ En casa

Durante el día

Tenemos todas mil y una tareas domésticas más o menos gratas que realizar. Aprovecha este momento para llevar tu huevo yoni. Si tienes miedo de perder el huevo durante el trabajo o en la calle, ¡pon música en tu casa, baila e inserta el huevo! Esto te tranquilizará. Si te atreves, da un paseo y camina por la casa con el huevo, en silencio o con un poco de música. Si tu pareja regresa un poco antes de lo esperado, ¡probablemente vea lo que ha cambiado en ti! Estoy segura de que esto no le disgustará…

> En casa tengo tiempo y puedo sentirme cómoda. Lo uso unas horas; a veces salgo o hago yoga con él.
> *Diane*

> La práctica que me inspiró de manera intuitiva fue usar el huevo en mi vida cotidiana, como acompañamiento. No puedo practicar más de dos veces por semana: solo cuando no estoy trabajando (fines de semana y miércoles), porque no puedo usar el huevo en momentos de tensión, como el que me impone mi tipo trabajo, sino en situaciones acordes con mi ritmo natural.
> *Sophie*

Durante la noche

Si ya cuentas con experiencia y no tienes ningún problema en particular, entonces puedes acoger en ti el huevo toda la noche cuando sientas la necesidad. Este periodo de calma, durante el sueño, es muy propicio para una buena conexión con tu yoni. Déjate seducir por este contacto singular y duerme tranquilamente. Sin embargo, no es aconsejable llevar el huevo durante varias noches o varios días seguidos. Escucha a tu cuerpo y los mensajes que te envía tu yoni.

Corinne Léger dice: «No existe ningún riesgo en dormir con un huevo yoni. Elige el cuarzo rosa, pues sus cualidades calmantes proporcionan un sueño más profundo y una mejor recuperación».

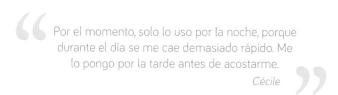

Por el momento, solo lo uso por la noche, porque durante el día se me cae demasiado rápido. Me lo pongo por la tarde antes de acostarme.

Cécile

En el baño

Darse un baño es maravilloso para relajarte y conectarte con tu intimidad. ¡Y también es una oportunidad para usar el huevo y practicar durante este momento de relajación!

Mi consejo

Me gusta encender velas, elegir música, añadir al agua aceites esenciales y tres o cuatro puñados de sal marina sin refinar para relajarme, cortar con la agitación cotidiana de la vida y conectarme conmigo misma. También aprovecho este momento íntimo para introducirme un pequeño huevo yoni y hacer mis ejercicios durante el baño.

Minke de Vos ha creado y enseñado una gran cantidad de prácticas rituales para hacer en el agua. He aquí uno que encuentro particularmente delicioso: «el éxtasis de la bañera».

En un baño normal, pon aceites esenciales o flores. Déjate llevar por el agua; deja que tu cabello flote. Tira del hilo, como si estuvieras tirando de un bote en el agua, y siente que toda la columna se mueve como una serpiente. La energía de la Kundalini empieza a aumentar. Libera el cuello, la nuca, la cabeza; libera todas las tensiones. Con la relajación, la energía natural fluye a través del cuerpo de una manera muy hermosa. ¡Te va a encantar! Es una forma maravillosa de practicar. Puedes invitar a tu pareja. Abandónate a ti misma proponiéndole que tire suavemente del hilo del huevo. Yo llamo a esto «amor de viaje». Evoca un juego en inglés que se juega con una cuerda y dos equipos opuestos, cada uno de los cuales tira de ella. Ser guiado de esta manera permite una maravillosa relajación. No pienses en nada excepto en tus sensaciones.

Por la tarde, después de un largo día de trabajo

El final del día es un buen momento para practicar con el huevo yoni. Cuando estás cansada y tensa después de una jornada de trabajo y acabas de regresar a casa, el huevo es una buena manera de marcar una ruptura con el día transcurrido, las exigencias externas y esa necesidad de volver a estar contigo misma.

> Me di cuenta de que a menudo me enfadaba por la noche. Así que tengo la costumbre de expresar mi intención de pasar una noche serena y reencontrarme siempre con mi huevo antes de las siete de la tarde. Así me las arreglo para manejar mejor mi fatiga al final del día y sentirme más relajada.
>
> *Émeline*

En el dormitorio

La mayoría de los hombres sienten mucha curiosidad por el huevo yoni. Si estás manteniendo una relación, puedes decidir hablar de esta práctica y de tus vivencias con tu pareja. Pero también puedes elegir mantenerlo en secreto, solo para ti, aunque compartirlo en los preliminares puede ser un momento altamente excitante... Por otro lado, a algunas mujeres les gusta usar el huevo durante las relaciones sexuales.

El cuarzo rosa es una piedra perfecta Si tu pareja está abierta y es curiosa, prueba el huevo yoni con ella para descubrir nuevas sensaciones y nuevos placeres juntos.

¡Y recuerda que siempre puedes seguir haciéndolo sola!

> Lo uso cuando estoy sola: me voy a mi habitación, me acaricio, sonrío... ¡Es delicioso! También lo utilizo durante el día para reafirmar los músculos pélvicos y recargar energía.
>
> *Rachel*

▶ En el trabajo

«Puedes llevar tu huevo yoni al trabajo, y el huevo trabajará por ti a lo largo del día —explica José Toirán durante una entrevista en vivo en un teatro parisino en septiembre 2015. Y añade con picardía—: ¡No olvides ponerte bragas! Todo irá muy bien hasta que te rías y el útero expulse el huevo... Le sucedió a una de mis alumnas en el trabajo, tomando un café con colegas durante una pausa. Pero fue muy lista, porque fingió que se le había descosido el bolsillo de la falda y, como si nada, se metió el huevo al bolsillo. La gente se rio».

Llevar el huevo yoni al trabajo es sencillo y eficaz. Como parte de tu rutina matinal, después de la ducha, colócate simplemente el huevo ¡y a trabajar! A lo largo del día, cuando recuerdes que lo llevas ahí dentro, contrae y luego afloja la vagina. Ya sea en una reunión de trabajo o frente al ordenador, dile hola a tu huevo, contrayendo y luego aflojando. Aunque a ratos olvides su presencia, el trabajo continua en ti. Puedes llevarlo varias horas consecutivas; tu yoni seguirá trabajando por el simple hecho de mantenerlo en tu interior.

Shashi explica los beneficios de llevarlo durante el día:

> Frente al ordenador, durante todo el día, puedes aprovechar para contraer tu yoni. Esta práctica puede reprogramar tu cuerpo muy rá-

pidamente. Haciéndolo todos los días irás aumentando tu energía. Es una buena oportunidad de reactivar tu energía, en vez de dejar que se concentre y atasque en ciertas zonas del cuerpo.

La energía sexual pone al cuerpo en un estado de éxtasis orgásmico. Cuando empiezas a hacer subir la energía, como una onda en el cuerpo, te relajas. Con la experiencia, la sentirás subir como una fuente intensa en todo el cuerpo.

Me ascendieron hace poco y cuando tengo citas importantes durante las cuales sé que tendré que mantenerme firme, me lo pongo. Y la verdad es que me siento más relajada, concentrada y tranquila.

Ève

En el trabajo, un colega se pasaba todo el tiempo mirándome, juzgándome y provocándome en silencio. Esto me ponía muy nerviosa. Llevando el huevo me he sentido más segura y desafiante como mujer y el miedo que me provocaba ese compañero de trabajo desapareció.

Solange

Trucos para el trabajo

Si tu jefe o un cliente te lo ponen difícil o te inhiben, piensa que llevas el huevo contigo, contrae la vagina y relájate. Esto debería ayudarte a no tomarte la situación demasiado en serio y permanecer en tu burbuja hasta que pase la tormenta. ¡Siéntete apoyada y acompañada desde el interior!

Aprovecha la pausa del almuerzo para utilizar el huevo y hacer algún ejercicio de contracción mientras comes. Si sueles hacer deporte durante esta pausa del mediodía (o yoga, gimnasia, etc.), recuerda poner el huevo en la bolsa de deporte y no olvides la solución limpiadora. Tal vez decidas llevarlo puesto; entonces has de contraer la vagina para mantenerlo dentro de ti mientras realizas ciertos ejercicios. Esta práctica intensificará su presencia y su acción.

▸ En una cita romántica

Si tienes una cita con un hombre y quieres sentirte en confianza, te recomiendo que uses el huevo. Solo tú sabrás que lo tienes. Llevas un secreto en ti que te dará ventaja y esto te hará aún más irresistible. De este modo, mantendrás tu energía y observarás la forma en la cual tu elegido está contigo. Si esta no es vuestra primera cena a solas, entonces observa los cambios que se están produciendo en él y en ti. Si conoces a esta persona desde hace mucho tiempo, también ten en cuenta estos pequeños matices en la relación.

También en tu vida y en tu rutina, observa y nota el cambio en tu comportamiento con las personas que te rodean.

Precauciones para llevar el huevo en público

Si eres de las que llevan sus huevos en público, debes saber que hay ciertas circunstancias, lugares o situaciones en las que sería mejor no hacerlo... ¡Aquí tienes algunos consejos y trucos!

Recuerda tu anatomía: si toses, te ríes o estornudas, tu huevo puede terminar en el suelo, en función de tu tono muscular, de tu energía y de las circunstancias.

Los huevos son frágiles y valiosos. Si el tuyo se cae al suelo, he aquí algunos consejos para solucionarlo: cógelo discretamente; nadie se dará cuenta de lo que está pasando; haz creer a los que te acompañan que tu bolsillo está agujereado y que se te ha caído un objeto. Di que hablarás de ello más tarde, que se trata de una especie de sorpresa. Di «¡uy!» y recógelo, simplemente.

En cualquier caso, ten cuidado:

— si sales al teatro o a la discoteca;
— si no llevas ropa interior;
— si estas resfriada;
— si estás en gimnasia o en yoga;
— si vas al baño.

Revela
y libera tu
sagrado femenino

▲▲▲▲▲▲▲▲▲▲

Iníciate en el poder de tu huevo y de tu yoni

Mejora la relación con tu huevo

No esperes todo de inmediato de tu huevo. La mayoría de vosotras necesitaréis tiempo para desarrollar una relación con él. Procura no tener demasiadas expectativas. ¡No creas que el huevo yoni va a resolver todos tus problemas! Más bien revela el trabajo interno que se ha de hacer. De hecho, advierte a las mujeres sobre la necesidad de iniciar un programa de desarrollo personal, de reeducación y a veces hasta de consultar a un ginecólogo acerca de un dolor que requiera tratamiento.

¡Verás que la práctica es reveladora a todos los niveles! Basta con estar a la escucha.

Es lo mismo que sucede en la vida. **Si esperamos tener grandes aventuras y sentimos que están llegando y que estamos listas para recibirlas, facilitaremos la aparición de acontecimientos felices.** Pero tener demasiadas expectativas no siempre permite apreciar las sorpresas de la vida. Escribe en tu diario lo que aprendas después de cada práctica, sobre tu cuerpo, tu yoni y tus necesidades.

> " ¡Ve a tu propio ritmo! Tienes que ser curiosa y no esperar nada. ¡Es entonces cuando aparecerán las sorpresas!
> *Alix* "

▶ Escucha a tu intuición

¡Escucha a tu intuición, porque es ella la que te guía! Ya se trate del tamaño de la piedra, su tipo, cómo usar el huevo o la hora del día en que se practica, la intuición es una herramienta valiosa para escuchar a tu cuerpo y tu sabiduría interior.

Es recomendable que una mujer que haya tenido hijos comience con un huevo grande, pero cada una conoce su cuerpo. **La intuición permite ir más allá de las apariencias y, a veces, de la lógica.** Aprende a escuchar esta suave voz que te guía. Esta sabiduría interior se manifestará cada vez más en tu realidad exterior.

▶ Sé creativa

Si tienes algún temor, tómate tu tiempo. Nunca hagas que el huevo entre por la fuerza; busca un momento de alegría y da rienda suelta a tu creatividad y a tus deseos.

No todas estamos siempre listas para introducirlo en nuestra yoni, y algunos días esta dice definitivamente que no. Pero como el huevo posee una energía potente y simbólica, lo puedes transportar simplemente en la mano, o en el bolso. El huevo yoni está pulido, lo que permite utilizarlo de muchas maneras. Para uso externo, te recomiendo huevos de piedra como la labradorita, el lapislázuli o la obsidiana. Sostenerlos en la mano te permite adquirir confianza en ti misma, ganar seguridad interior y atreverte a decir las cosas con autenticidad.

¡A cada una su yoni, a cada una su práctica con el huevo yoni! Da rienda suelta a tu creatividad.

▶ Mantén un diario íntimo

Mantener un registro, como propongo en este libro, te ayudará a progresar en tu práctica. Puedes anotar día tras día lo que funciona o lo que no, y lo que aprendes sobre ti misma; así irás ganando confianza y conocimiento.

Escribe en tu diario la hora, fecha, lugar y duración de tu práctica, así como el tipo de piedra utilizada, su tamaño, lo que sentiste, observaste, y quizá incluso algo que se haya manifestado de manera más inesperada. **Presta atención a las señales de tu cuerpo, a la información que te comunica y a lo que sientes que se va liberando en ti misma.** Cuando se alterna el uso de distintas piedras, los tamaños, los pesos y las prácticas, surgen nuevas sensaciones. Tu sensibilidad aumentará con el tiempo ¡y este diario será un tesoro de información!

A cada una su ritmo

Todas practicamos de manera distinta dependiendo de nuestro cuerpo, nuestra salud, nuestra edad, nuestro nivel de estrés y nuestra vida cotidiana. No te impongas un ritmo. La regularidad y la frecuencia son esenciales, pero también los periodos de relajación y descanso. Suele decirse que es más importante relajarse que acelerar la rehabilitación haciendo demasiado. Contraer demasiado esta parte del cuerpo será contraproducente. Entonces, escúchate y encuentra tu ritmo.

Comienza realizando un ritual para presentar el huevo a tu yoni; luego acepta una cita contigo misma unos días más tarde para insertarlo. Tal vez al principio quieras llevarlo solo treinta minutos en casa para ver las sensaciones que te provoca. No existe un programa estándar; cada una debe encontrar su ritmo.

Tu práctica dentro de un todo

Trabajar con el huevo yoni es solo un paso, una herramienta entre otras en la vida de una mujer. Abrirá las puertas del conocimiento y la curiosidad, que te traerán nuevas alegrías y placeres. Esto no es en modo alguno un punto final de tus prácticas ni una respuesta a todas tus preocupaciones como mujer. ¡El huevo no es una varita mágica!

▶ Utiliza el huevo regularmente

Sin un contacto y un ejercicio regulares con el huevo (tanto para uso interno como externo) no podrán obtenerse muchos efectos positivos. ¡Comprar un huevo y simplemente mirarlo no resolverá tu problema de incontinencia!

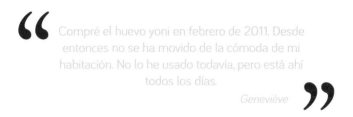

Compré el huevo yoni en febrero de 2011. Desde entonces no se ha movido de la cómoda de mi habitación. No lo he usado todavía, pero está ahí todos los días.

Geneviève

Las mujeres que no obtienen resultados suelen ser las que nunca lo han usado, o lo han hecho muy rara vez (como máximo una vez al mes). La causa también puede ser un descenso de órganos o un problema serio de salud íntima que requiera el apoyo de un profesional. El huevo yoni será útil más tarde, para acompañar una rehabilitación.

Cualquiera que sea su situación, su cuerpo y su historia, cada mujer podrá encontrar su ritmo, determinar su uso, desarrollar su creatividad, intuición y escucha. ¡Todas somos únicas, amigas, y nuestras yonis también!

Programa tu huevo

▶ El poder de la intención

El poder de la intención ha sido descrito y utilizado durante mucho tiempo. Han pasado casi veinte años —en mi primer taller de desarrollo personal— desde que me empecé a interesar por esa sabiduría y poder interno que todas tenemos y que siento palpitar en mí.

Quería aprender de los mejores, hacerles preguntas durante las entrevistas publicadas en Youtube: Wayne Dyer, Jack Canfield, Tony Robbins, Don Miguel Ruiz, Carolina Myss, Paulo Coelho, Bruce Lipton, Gregg Braden, Louise Hay, Dan Millman, James Redfield, Sonia Choquette, Joe Dispenza y cientos de autores en el mundo.

Ellos me enseñaron que **mi vida es un reflejo de mis pensamientos y emociones.** Comencé a transformar mi vida día tras día, aprendiendo a recibir y escuchar a mi sabiduría interior. Pero lo que encontré más efectivo —y lo que aplico en el programa que cofundé, El Reto de los 100 Días— es el poder de crear una intención cada mañana.

La idea de que podemos recrear nuestra vida todos los días en lugar de soportarla me inspira y me hace avanzar; me lleva hacia nuevas situaciones. Desde entonces mi vida es emocionante, porque participo activamente de ella. Me gusta saber que puedo colaborar en la creación de mi existencia y que no tengo que esperar nada de otros para empezar a transformarla.

Si pienso que la vida es injusta, atraeré situaciones injustas que me demostrarán que tengo razón. Si quiero atraer a un nuevo compañero sentimental, estaré predispuesta a ello. Las situaciones y los desafíos que afrontaré en el camino me harán crecer para permitirme vivir con mis intenciones, ganar en claridad y comprender que mi felicidad está aquí y ahora, independientemente de las circunstancias externas.

Poco a poco encuentro mi lugar en el mundo; llevo una vida que me corresponde, en la que mi creatividad, mi energía, mi entusiasmo, mis habilidades y mis dones están al servicio de algo más grande.

▸ Da una intención al huevo: modo de uso

El huevo yoni es receptivo a las intenciones y sensible a las frecuencias y vibraciones. Tú tienes la capacidad de desprogramarlo y reprogramarlo a voluntad. ¡Lo mejor es que lo pruebes tú misma!

Límpialo energéticamente

El primer paso en este ritual es limpiar energéticamente el huevo antes de reprogramarlo. No dudes en leer detenidamente el apartado sobre este tema, «Rituales para la limpieza energética del huevo yoni» (véase la página 155). Por ejemplo, puedes optar por dejar tu huevo durante dos o tres horas directamente al sol o limpiarlo con salvia.

Define tu intención

Mientras el huevo yoni se purifica, anota tus intenciones en tu diario o en un pedazo de papel. Por ejemplo: «Quiero ocupar mi lugar», «confiar en mí», «liberar mi energía sexual», «conectarme con mi sagrado femenino», etc. Después de hacer esta lista, define la intención que más te corresponda.

Lograr que se cumpla tu intención puede parecer increíble, pero es posible. Formúlalo claramente de forma afirmativa: «Soy libre en mis elecciones. Las afirmo en el amor y con toda serenidad. Me siento bien y llena de energía».

Impregna tu huevo con tu intención

En un ambiente tranquilo y agradable, coloca el huevo en una mano y sobre el corazón. Luego pon la otra mano encima. Conéctate con tu huevo y con tu corazón. Siente que la piedra se armoniza con tu cuerpo. Piensa en una intención —si es necesario, vuelve a tu diario o a la hoja en la que está formulada—, presentada como una afirmación, y repítela varias veces. Siente la alegría y la emoción de vivirla ahora. Conéctate más íntimamente con el corazón para amplificar esta intención. Agradece, respira, sonríe. Visualiza y siente cómo el huevo se impregna de tu intención.

Observa las señales y las coincidencias

Después de formular tu intención, de haber programado tu huevo yoni y habértelo colocado, deberás estar atenta a las señales y lista para observar, escuchar y finalmente actuar de acuerdo a tu intuición. Tu sexto sentido es innato. Solo pide ser escuchado. Pero no te olvides de trabajarlo, de ejercerlo. Nuestra intuición a menudo nos presenta información: un peligro, una oportunidad en forma de imagen o de mensaje, de impulso a veces ilógico de tomar una dirección en lugar de otra.

Las sincronías serán entonces más numerosas y ofrecerán una oportunidad para la transformación y el cambio. Son simplemente una cita mágica con la vida: nos encontramos en el momento adecuado en el lugar correcto, es decir, ante una situación a la que nuestras mentes no nos podrían haber guiado. Estamos conectados con una información, un objeto, una persona, un acontecimiento que no podíamos haber pensado o que no podíamos haber previsto. Y, sin embargo, tiene mucho sentido y a menudo nos lleva a tomar decisiones, a tomar conciencia, a la transformación.

Si eliges cargar tu huevo unas horas durante el día y tienes pensamientos negativos, recuérdalo: **contacta con tu yoni haciendo algunas contracciones y relajaciones.** Volverá a conectarse contigo.

Aprende a comunicarte con tu yoni

▶ ¿Qué nos diría nuestra yoni si pudiera hablarnos?

Muchas de nosotras estamos desconectadas de nuestra yoni. No es necesario ir muy lejos para observar cómo nos comportamos para atraer la atención, para ser amadas, deseadas. **Cuando estamos desconectadas de nuestra yoni, también lo estamos de nuestro poder misterioso y creativo.**

Nuestra yoni tiene mucho que comunicarnos y puede enviarnos señales muy claras. Pero hete aquí que a menudo aguardamos a tener una infección o una pérdida, una sensación de ardor, dolor, no poder quedarnos embarazadas o tener la libido muy baja, para finalmente escuchar a esta parte de nuestro cuerpo. Nuestra yoni, sin embargo, refleja nuestro estado de ánimo. Ella no nos miente. Es una aliada valiosísima.

¿Y si nuestra yoni tuviese una información importante que comunicarnos?

Descubrir la voz de nuestra yoni va más allá de los consejos que podemos leer o escuchar. Ella sabe lo que es bueno para sí. Esta nueva comunicación contribuirá a un mayor amor y respeto hacia ti misma. Tus elecciones de pareja, de prácticas sexuales y de vestimenta contribuirán enormemente a darle sentido a tu vida.

Ponle un apodo

Si nunca te has comunicado con tu cuerpo, y mucho menos con tu yoni, este ejercicio podrá parecerte incómodo. ¡Pero inténtalo de todos modos! Esto te permitirá comunicarte más sutilmente con ella.

Acuéstate o siéntate en un lugar tranquilo, sola. Respira lentamente unas cuantas veces y ponte una mano en la yoni, la otra en el corazón. Retén esta respiración y trae conciencia y presencia a esta parte del cuerpo. Una vez que haya disminuido tu ritmo cardíaco y te sientas conectada con tu yoni, pregúntale qué apodo le gustaría tener: Flor Sagrada, Cueva Orgásmica, Loto Azul, Pluma… Siente su respuesta, su aprobación cuando le agrada un nombre. Repite su nombre varias veces, suavemente y en voz alta; salúdala y dale las gracias.

Invítala a hablar

Con una mano en el corazón y la otra en la yoni, dile que quieres su sabiduría e invítala a hablar contigo para comunicarse. Para facilitar esta cercanía, escribe en tu diario: «Yo soy [nombre de tu yoni]. Me gustaría decirte que… [completa con lo que crees que ella tiene que decirte]. Por ejemplo: «Me sentí ignorada y traicionada por ti últimamente. Me di cuenta de que [...] Desearía [...], sería útil si [...]».

Si sientes un desequilibrio, pregúntale: «¿Qué puedo hacer para encontrar un equilibrio?». Si quieres tener un hijo pero tienes problemas para quedarte embarazada, dile: «Me gustaría ser madre. ¿Tienes algún consejo?». O, si acabas de conocer a un hombre: «¿Qué piensas de este hombre?». Finalmente, si eres soltera, pídele que te guíe hacia un gran amor. Se trata de comunicarse con facilidad para reinstalar la confianza, la privacidad y la conexión.

Pregúntale, escucha y después actúa. Adapta este ejercicio de acuerdo con tus preguntas y la situación en la que te encuentres; si es posible, dedícale al menos quince minutos. Tómate el tiempo necesario para escribir en tu diario. Puedes hacer este ejercicio antes y/o después de practicar con tu huevo yoni. Tu diálogo se volverá cada vez más natural y pronto se hará muy íntimo. ¡Como con una vieja amiga con la que finalmente te has reencontrado!

▷ Dale las gracias

Termina este ejercicio dándole las gracias, diciéndole palabras dulces y actuando de acuerdo con lo que ella ha respondido y lo que ha resonado en ti. **Dedícale el tiempo que necesites para comunicarte regularmente con ella.** Tal vez te dé su opinión sobre algunos hombres y mujeres de tu vida, tus relaciones, tu ropa, tu música ¡y mucho más!

Vive lo sagrado femenino a través de rituales

Encarnar lo sagrado femenino

Desde siempre, muchas mujeres han sido erróneamente acusadas, estigmatizadas, criticadas, porque sus ideas, su poder y lo que representaban resultaba perturbador.

Valorar y honrar el principio femenino (no solo a la mujer) es el objetivo de lo sagrado femenino. Este no deja de lado al principio masculino, ni lo rechaza; por el contrario, acoge estos dos aspectos en cada uno de nosotros, tanto el masculino como el femenino. Lo sagrado femenino unifica. Representa la unión de lo femenino y lo masculino, el yin y el yang.

La inteligencia de hombres y mujeres se expresa de manera diferente a través del principio femenino, que no rechaza lo masculino, sino que se propone convivir con él. Ninguno es mejor que el otro. Ambos forman una danza para encontrar un equilibrio vital entre los mundos visible e invisible, interno y externo, material y espiritual, respetando a la Madre Tierra, en la que nos alojamos y gracias a la cual vivimos.

▶ Accede a lo sagrado femenino en tu vida diaria

Expresar las propias emociones abre el acceso a lo sagrado femenino. A menudo infravaloradas en la sociedad, parece que las emociones no deben mostrarse. A veces hasta las tememos. Acéptalas como son, sin juzgarlas ni tratar de entenderlas. Sé amable con ellas y con lo que te está pasando. Date el amor y la compasión que una madre le daría a su hijo.

Considera tus emociones como una fuente de sabiduría e información importante. Nuestra sensibilidad brinda un acceso tremendo a muchos conocimientos extrasensoriales que nos permiten entrar en contacto con una sabiduría mucho más profunda. Al honrarlas en la intimidad y en público recibirás mucha información que puede guiarte y transformar ciertas situaciones.

▶ Escucha y actúa según tu intuición

La intuición, llamada también «sexto sentido», te permite saber algo de manera inconsciente. Gracias a ella detectamos peligros y oportunidades, y podemos identificar a las personas ¡incluso antes de leer su perfil en línea o consultar a una clarividente!

Para escuchar a su intuición, la mujer tendrá que aprender a confiar en sí misma y actuar de acuerdo con una voz simple y clara que la guíe paso a paso. Sin poder explicarlo, será conducida hacia lo desconocido y a experimentar nuevas situaciones. Es emocionante y revitalizante. Escuchar a tu intuición es como jugar con la vida en el sentido más sagrado del término.

Sí, la intuición te da confianza y permite —como dice Sonia Choquette, experta internacional en intuición, con quien escribí *El reto de los 100 días. Cuaderno de ejercicios para desarrollar tu intuición*— viajar a la velocidad del amor. ¡Es una locura, te lo aseguro! La señal se hace cada vez más fuerte, como un músculo que se desarrolla con un poco de entrenamiento. La información puede llegarte muy rápidamente si estás atenta. Juega y pregúntate regularmente sobre tu día: «Me pregunto si hoy mi femenino sagrado me hará descubrir un nueva cualidad en mí».

Al escuchar a tu corazón, llevarás una vida única que tendrá sentido para ti: el sagrado femenino se revelará y te permitirá vivir situaciones en las que tu alma actuará libremente. ¡Y cuando el alma actúa aparece la magia! Cuanto más lo escuches, mejor te guiará. Un hermoso músculo que ejercitar con el de tu yoni.

▶ Escucha la sabiduría de tu cuerpo

Tu cuerpo es, de lejos, el que te brinda más detalles e información sobre una situación, un lugar, una persona o un hecho determinado. Es esencial estar atento para que eschuches a tu intuición y dejes que te guíe. El huevo yoni, el yoga, la meditación, el taichí, los masajes energéticos, los baños sonoros y los círculos de mujeres, entre otras cosas, te orientarán para desarrollar tu sensibilidad y escuchar a tu cuerpo, permitiéndote así que la toma de decisiones tengan sentido para ti. Esta brújula maravillosa, esta verdad interior, se siente en el cuerpo con sudores, escalofríos, cosquilleos, piel de gallina, etc.

▶ Pasa tiempo en silencio

Recuerda reservar en tu sobrecargada agenda momentos de silencio, de meditación, de quietud, para ponerte en contacto con tu sagrado femenino. Tener acceso a tu sabiduría interior, conectada a la grandeza de la vida, a la sabiduría universal, implica dedicarse tiempo a una misma.

Algunos momentos te parecerán faltos de sentido, y otros vendrán con un toque de gracia: nuevas ideas para contribuir a mejorar el mundo, nuevos pasos para vivir tu misión vital e ideas para manifestar tu versión de lo femenino sagrado.

▶ Conéctate con la naturaleza

Permanece descalza un momento para sentir el contacto con el suelo, la tierra. Del mismo modo, abrazar un árbol, trabajar la tierra, contemplar el océano, conectarse con los elementos, con el ritmo de la tierra, escuchar sus murmullos y dar la bienvenida a su sabiduría y calidad eterna es simplemente eso, conectarse con la naturaleza.

▶ Crea tus propios rituales

El ritual te permite conectarte con la fuerza de la vida, con algo más grande y más potente que tú misma. Estos rituales nos hacen vivir instantes mágicos, inolvidables y simbólicos, que van más allá de la lógica y lo visible.

El punto común de los distintos rituales es que despiertan lo sagrado, dan confianza, nos unen y nos abren a lo extraordinario. Un ritual es un espacio en el que el tiempo se ralentiza, un momento privilegiado de encuentro con una misma, con la sabiduría interna y el alma, donde una se siente atravesada por la vida en su esencia.

No es necesario un intermediario —sacerdote, imán o rabino— para establecer una conexión directa con la fuente de la vida[1]. Si bien a algunos esta idea les parece revolucionaria, debes saber que los rituales te permitirán recuperar tu poder interno al reclamar un espacio y un momento que le has dejado a los demás.

No habrá ritual sin intención, sin simbolismo, sin presencia y sin gratitud. Los rituales piden que ocupes tu lugar, que proclames tu poder interior y te abras al misterio de la vida con toda humildad. Te invitan a superarte, a ver más allá de lo que sabes sobre ti misma y sobre la vida, a ser una diosa y dejar que el alma actúe.

Puedes comenzar a practicar rituales en casa, en un lugar donde haya algún objeto simbólico para ti, una habitación en la que te sientas bien y que se cargará con tu energía. También puedes crear un espacio de rituales efímeros en la naturaleza (en el bosque, en la playa, en la montaña), en tu jardín, cerca de un árbol o en un lugar insólito que posea una fuerte vibración para ti.

Los rituales pueden comenzar con la creación de una intención (por ejemplo: «Mi intención es honrar a mi sagrado femenino») y la preparación de lo que, intuitivamente, te parezca útil para este ritual (velas, incienso, aceites esenciales, huevo yoni, piedras, poemas, música etc.).

El paso siguiente será la elección del lugar, las personas que desees

---

[1] Lilou Macé, *Je n'ai pas de religion et ça me plaît* (No tengo religión y me gusta), París, Guy Trédaniel, 2014).

que estén presentes, en caso de que no quieras estar sola (la pareja, una comunidad, la familia, un grupo de mujeres) y el tiempo que quieras dedicarle.

Después de inaugurar este momento con gestos y palabras (por ejemplo, encender una vela, formular la intención: «Abre el espacio ritual con la intención de [...]») invitando a una dimensión amorosa, más allá de lo visible, como guía, realiza el ritual que desees. Deja que la inspiración del momento actúe. Déjate guiar y tomar contacto con tu yoni, con tu potencia creativa interior, con la diosa que eres. Date el permiso de honrarte y escucharte a través del corazón.

Un gesto de reconocimiento y gratitud, como el yoni mudra, marcará el fin de tu ritual.

Con el tiempo te sentirás cada vez más cómoda para crear tus propios rituales. Una buena costumbre será pedir permiso a la vida y a la tierra para hacerlos. Encuentra tus propias palabras y gestos para expresar tu belleza interna, y lo sagrado femenino te liberará y reactivará los recuerdos de una vida pasada, lo que te permitirá ganar confianza y recuperar tu fuerza interior en el presente.

Para la práctica, trata de encontrar tu propio ritmo. Anímate a hablar, a cantar y a bailar libremente para celebrar la vida. Tu cuerpo se convertirá en un instrumento. Déjate atravesar de forma natural por esta fuerza vital, no solo durante los rituales, sino también en tu vida diaria. Esto también es posible en el ámbito de lo colectivo. Suzanne Sterling, cantante y sacerdotisa, durante una entrevista en Bali, me dijo: «Es importante para nosotras convertirnos en nuestra propia autoridad espiritual. Es esencial restablecer los rituales públicos en nuestra sociedad. Estamos hechas para expresarnos y vivir en comunidad. Encontrar nuestra verdad y verbalizarla nos permite descubrir nuestro camino. Ya no es una cuestión de tradición. Ha llegado el momento de ceder a esta nueva era. Muchos toman cosas de la Madre Tierra, pero se olvidan de ella. Tomamos, pero no devolvemos. Estoy hablando de retribuir a la tierra y también a la comunidad».

▶ Ritual de la danza

Disfruta de un momento sola para crear el ambiente adecuado, con una luz tenue (encendiendo, por ejemplo, unas cuantas velas), y deja que tu cuerpo baile con una música agradable y pegadiza que te hará liberar a la diosa que hay en ti. Haz esto con la intención de liberarte de los recuerdos, del peso de tu historia, de sentir alegría y estar en contacto con tu sagrado femenino. **¡No olvides pedirle a tu yoni que se exprese a través del baile!**

▶ Ritual de pacificación

Este ritual te ayudará cuando pases por un momento delicado o difícil en tu vida. Tu intención aquí será aliviar esta situación. Siéntate cómodamente en un cojín o en una silla. Si tienes predilección por un aceite esencial en concreto, respira su aroma, déjate llevar por su olor y quédate en el espacio del corazón un momento. Luego, coloca una gota del aceite esencial sobre el corazón y el chakra ubicado en el centro del pecho.

Deja que la situación que quieres apaciguar suba a la superficie. Puede que experimentes sentimiento de tristeza o de ira. Déjalos expresarse. Permítete exteriorizar tus emociones. Dales las gracias.

Inhala, exhala y conéctate a tu yoni, a su poder y al poder creativo que hay en ti y que deseas recibir. Recárgate como una batería.

Agradece este momento con la mano en tu corazón. ¿Cómo te sientes? ¿Tienes nuevas ideas, nuevas intuiciones que te gustaría aprovechar? Si es así, actúa con suavidad y confianza.

Rituales de mujeres con el huevo yoni

Es recomendable ritualizar la práctica del huevo yoni para que esta sea una experiencia maravillosa más allá de lo cotidiano, un momento mágico y único.

Al crear una atmósfera cálida, íntima, suave y femenina, promueves el despertar de tu femenino, tu cuerpo se relaja, tu mente se abre,

aparece una suerte de fluidez. Una nueva magia se apodera de ti y te permite vivir momentos únicos, durante los cuales sentirás la conexión con tu sagrado femenino.

Por ejemplo, enciende una vela, deslízate en sábanas sedosas, sumérgete en un baño de sal con esencia de rosas o purifica las manos en un recipiente con agua lleno de pétalos de flores antes de cada práctica.

▶ Ritual para un primer contacto

Tómate tu tiempo cuando tengas el primer contacto con el huevo. Aprende a conocerlo, obsérvalo a la luz, siente su temperatura y textura, sé curiosa y anticipa lo que descubrirás con él.

Este objeto no llegó a tu vida por casualidad. Entre él y tú surgirá y se desarrollará una gran complicidad y cercanía. Cuando una persona tiene un huevo yoni por primera vez en la mano, suele experimentar algo: fascinación, sorpresa, vergüenza, curiosidad…

Para darle la bienvenida a tu vida como mujer, planifica y crea el ritual que desees. La idea es agradecerle a esta piedra haber entrado en tu vida. Puedes colocar el huevo en las manos, a la altura del corazón, mostrando gratitud.

Veamos un ejemplo de un ritual de bienvenida para practicar con tu huevo yoni. Elige un espacio y un momento para dedicarte a ti. Sentada en el suelo, coloca a tu alrededor los objetos, las esencias aromáticas, los aceites, las plumas, los dibujos, las fotos, las estatuillas, un recipiente con agua tibia (con pétalos de flores) y ropa limpia. Estos son objetos que simbolizarán para ti la feminidad, lo sagrado femenino, tu vida como mujer y la práctica del huevo yoni.

Comienza por expresar tu intención de bienvenida al huevo yoni («Mi intención es darte la bienvenida en mi vida de mujer»).

Antes de utilizarlo, límpialo y purifícalo. Agradécele haber llegado a tu vida y pídele que te guíe, que te acompañe y que apoye tus intenciones de desarrollo personal y bienestar íntimo. Deja volar tu imaginación. Algunas mujeres estarán ya listas para introducir el huevo y vivir el primer

REVELA Y LIBERA TU SAGRADO FEMENINO

contacto. Cierra este ritual agradeciéndole a la vida y al huevo yoni esta experiencia.

▶ Ritual del baño

El ritual del baño, antes de practicar con el huevo yoni, sigue siendo uno de mis favoritos. Prepárate un baño, agrega pétalos de rosa, enciende una vela y escucha música relajante. Crea un ambiente propicio para la relajación y la sensualidad. Me gusta echar sal gruesa en el baño y unas gotas de aceite esencial. Cada una tendrá su técnica para sentirse relajada.

Una vez en el baño, sumerge el huevo yoni en él. **Recuerda prepararlo de modo que vaya cambiando de temperatura, calentando el agua gradualmente.**

Disfruta de este momento sola con tu huevo para ponerlo en contacto con las diferentes partes de tu cuerpo, incluida la yoni. Puedes masajearte la yoni con el huevo colocándolo sobre los labios. Presiona ligeramente para liberar parte de la energía almacenada en él. Es un momento para conocernos.

▶ Purificación de las manos

Antes de cualquier práctica, lo ideal es que purifiques las manos. Hay varias formas de hacerlo. Por ejemplo, dejando que el agua del grifo fluya a través de tus dedos, señal de soltar y relajar, o, más simbólicamente, sumergiéndolas en un recipiente con agua tibia (adornada con pétalos de rosa, si tienes) y secándolas después con una toalla limpia. Siente el agua en las manos, a través de los dedos; toma conciencia de esta parte del cuerpo. Siente lo sagrado femenino en ti y agradece la vida por este momento; luego, enciende una vela.

▷ Ritual de la carta

Escribe una carta de amor, de reconciliación o de perdón a tu yoni. Comienza por «Querida yoni […]». Programa un temporizador para diez minutos y transcribe espontáneamente, sin parar, tus pensamientos. Permítete anotar tus secretos, arrepentimientos y frustraciones, así como liberar tu memoria y tus emociones, con una actitud espiritual de bondad. Menciona lo que te aportan tu práctica con el huevo yoni y esta nueva relación con él. Escribe realmente lo que quieras.

Guarda esta carta o entiérrala. Elige el ritual adecuado para sentirte libre y aliviada de los acontecimientos difíciles del pasado. Este no será el único paso, pero será una preparación, una disposición mental y física para las situaciones que se irán presentando en tu vida. Realiza este ritual con delicadeza, cuando te sientas lista.

▷ Ritual para soñar con eficacia

Antes de irte a la cama, enciende una vela. Siente los puntos de contacto de tu cuerpo con el lecho; sé consciente de estos distintos apoyos de las posibles tensiones. Respira de manera suave y profunda para relajarte. Haz una lista mental de al menos cinco cosas por las que puedas sentirte agradecida y sonríe interna y externamente. Tu rostro está relajado. ¡Disfruta de este momento de tranquilidad!

Pon el huevo yoni en una parte del cuerpo que necesite atención o deslízalo debajo de la almohada. Si tienes varios, elige uno en función de tus aspiraciones, de las propiedades de la piedra o de tu necesidad del momento.

Nicole Gratton, autora de *L'Art de rêver*, que tuve el placer de entrevistar en Quebec, aconseja programar una intención para la noche: «Esta noche recordaré mis sueños y recibiré sus consejos». Coloca tu cuaderno de los sueños o tu diario íntimo junto a la cama, con un lápiz para anotar de inmediato cualquier mensaje que pueda llegar en forma de sueño durante la noche o al levantarte por la mañana: «Mi sueño me dice que […]».

▶ Ritual de pareja

Invita a tu pareja a practicar un ritual contigo. Requerirá coraje y apertura, pero el resultado será mágico y abrirá las puertas de lo íntimo en una dimensión nueva. En muchas tradiciones tántricas y taoístas, las parejas se bañan o se duchan juntas, por ejemplo. ¡Es un preludio ideal! Después, se visten con un paño de seda, se dan la mano, se miran a los ojos y emiten una intención para este momento compartido y entran así en un espacio sagrado, de bondad y creatividad. Este ritual tendrá la intención de honrar a tu yoni en pareja.

Después de haber formulado vuestra intención, toma tu huevo yoni favorito, preséntaselo a tu pareja y sugiérele que lo unte con aceite de coco para poder masajearlo. Luego puedes pasarlo por tu monte de Venus, por tus labios, por tu clítoris, antes de bajar a la vagina y jugar en su entrada. El huevo de piedra quizá te resulte frío en el primer contacto, pero esta sensación podría excitarte (si no, no dudes en pedirle a tu pareja que lo caliente con las manos).

▶ Altar de la feminidad

Elige un lugar en casa para ubicar el símbolo de tu despertar femenino. Puede estar cerca de una imagen, de una estatua, de un cuadro, de un estante en el que deposites objetos personales que representen esta fase. Dale a este espacio una dimensión especial, que se distinga de otras partes de la vivienda. Si es posible, asegúrate de que solo tú tengas acceso a él. No para que sea secreto, sino para concentrar en este lugar tu energía, tus intenciones, tus proyectos, tu armonía. Tu huevo quedará impregnado de este baño de energía y a su vez le dará fuerza a este lugar.

Rituales de amor para tu yoni

Los rituales a tu yoni brindan mucho amor a esta parte de tu cuerpo y le rinden homenaje. **La yoni es un templo sagrado. Este lugar es el por-**

tal de tu sagrado femenino y de tus energías creativas. ¡Por eso se merece un pequeño ritual! Es un lugar en tu cuerpo que debe ser homenajeado, honrado, venerado y adorado.** Tu yoni es perfecta tal como es, independientemente de su pasado, su apariencia, su forma y sus deseos.

Vuelve al momento presente y al futuro. Los traumas, la vergüenza, la culpa y el dolor, a través de tu propia historia y la de tus antepasados, te privan de buena parte de tu energía sexual, de tu vitalidad, creatividad y sabiduría interior. **Mediante estos rituales, permitirás que comience una historia íntima y cómplice con esta parte de tu cuerpo que tiene tanto que decirte.**

¡Espejito, espejito!

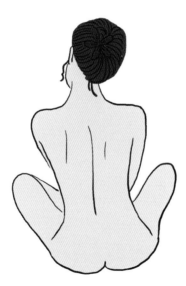

Toma el espejo más hermoso que tengas y evoca la intención de conocer hoy mejor a tu yoni.

Obsérvala durante al menos cinco minutos: forma, labios, tamaño, textura, color, etc. ¡Cada yoni es diferente y hay tantas como mujeres en esta tierra! No emitas ningún juicio.

Ama a tu yoni tal como es.

▸ Mensaje de la yoni

Elige un cuaderno que te inspire a escribir los mensajes de tu yoni. Decide cuánto tiempo le dedicarás a este ritual y planea escribir todo lo que tu yoni tenga que decirte.

Enciende una vela, relájate en el momento, formula tu intención («Mi intención es liberar los recuerdos de mi yoni» o «Mi intención es recibir palabras de sabiduría sobre mi pareja») y escribe sin parar, dándole permiso para expresar libremente todo lo que viene a ti, todo lo que tu yoni quiere decirte. No juzgues lo que está escrito. Simplemente escribe. Después de leerlo, siente qué estaría bien hacer para liberar este mensaje, finalizar o anclar. Quizás elijas grabarlo, decorarlo, conservarlo, ponerlo en un marco o pegarlo en un álbum. Dale rienda suelta a la imaginación y a tu creatividad femenina. Da las gracias y actúa si alguno de los consejos que has recibido resuenan en tu corazón.

▸ Masaje de la yoni

Usa aceite de coco caliente con agua caliente del grifo. Lo encontrarás en cualquier tienda de productos orgánicos (elige, si es posible, envase de vidrio). Colócalo en los dedos y comienza a dar masajes —con mucho amor y sin juicio, como un masaje de amor incondicional— en tu vientre y en tu yoni externo e interno. ¡Hazte bien! Tómate tu tiempo. Visualiza cada parte: uretra, vagina, ano, labios, clítoris, etc. Practica con presencia, amor y conciencia. Como con todo ritual, enciende una vela, crea una atmósfera especial y expresa una intención de liberación; ponte en contacto con tu feminidad sagrada y tu sabiduría interna.

▸ Celebración de la yoni

Elige una escultura, una imagen, un objeto que represente para ti la yoni. Hay muchas formas de realizar este ritual, pero es esencial añadir ciertos elementos con un simbolismo fuerte. Descubrirlos depende de ti.

Este ritual comienza con una reverencia o saludo ante la representación de la yoni elegida. Ofrécele flores, frutas, pétalos de rosa, mantras, canciones o textos. Estas ofrendas deben representar a los cinco elementos (tierra, agua, fuego, espíritu, aire). Celebra la yoni a tu manera.

⯈ Luna nueva y luna llena

¡A mirar el calendario! Ten en cuenta las próximas lunas llenas y nuevas.

Una luna nueva marca el comienzo de un nuevo ciclo, la oportunidad de empezar un nuevo capítulo de tu vida, de emitir intenciones que te inspiren. Esta luna es ideal para usar el huevo yoni. Los rituales alrededor de la luna nueva y la luna llena son numerosos. Una vez más, depende de ti: vela, piedra, huevo yoni, música o texto, lo que represente para ti la confianza que tienes en tu poder creativo y lo sagrado femenino para mostrar tus intenciones más íntimas.

Rituales para la limpieza energética del huevo yoni

⯈ Elige un ritual o invéntalo

Los huevos yoni están hechos de piedra; provienen de la Madre Tierra. Por lo tanto, contienen la energía de la vida. Una vez que ya no están en contacto con la tierra, es importante cuidarlos. Antes de su primer uso, limpia tu piedra para deshacerte de las energías nocivas de otras personas que la hayan tocado. Para hacer esto, sigue tu intuición y crea un ritual de limpieza. Tal vez ya tengas varias piedras. Si practicas con regularidad, es buena idea realizar una limpieza energética una o dos veces al mes. Aumenta la frecuencia si estás pasando por un momento difícil o doloroso.

Estelle, por ejemplo da rienda suelta a su inspiración:

> Me gusta hacer rituales. ¡He inventado uno para «domesticar» a mi huevo!
>
> *Estelle*

Las posibilidades de los rituales para limpiar el huevo energéticamente son infinitas. Un ritual es un acto simbólico. Necesitas un momento para ti sola, en un lugar que te inspire (en tu casa o en medio de la naturaleza), y una intención; por ejemplo: «Mi intención es practicar un ritual creativo y espontáneo que me permita limpiar energéticamente mi huevo yoni». Es posible que necesites usar incienso, salvia, música suave, pétalos de rosa, piedras u oraciones. La idea es escuchar a tu corazón, a tu intuición, y dar rienda suelta a tu imaginación.

> Limpio los huevos después de cada uso y los pongo al sol durante todo un día para volver a energizarlos y purificarlos.
>
> *Cathy*

▶ Durante la luna llena

Busca en el calendario cuáles son las noches de la luna llena: durante esas noches la energía femenina de la tierra está en su apogeo. Realizar un ritual de limpieza en ese momento es ideal, al igual que usar el huevo yoni. Cada mes tendrás, así, un recordatorio para la limpieza energética de tu huevo. Anota estas fechas con anticipación en el diario, de modo que puedas recordarlas.

> Los pongo regularmente en un bella copa de cristal y los expongo el mayor tiempo posible al sol o, por la noche, a la luz de la luna llena.
>
> *Caroline*

En las noches de luna llena, dedica un momento a cuidarte. Date un baño con sales o pásate por el cuerpo un exfoliante. Acompáñate de tu huevo si lo deseas. Enciende unas velas y pon música suave y relajante, como los mantras de Deva Premal, que te ayudarán a despertar a la diosa que hay dentro de ti: ella sabe cómo hacer rituales y cuidar sus piedras. Luego toma un trozo de tela suave, o de seda, envuelve tu huevo en él y encuentra un lugar que le dé la bienvenida, como un santuario. Añade flores, velas e incienso, por ejemplo. Practica la meditación que prefieras. Por la noche, coloca el huevo en el borde de la ventana para que recoja la luz de la luna. A la mañana siguiente, devuélvelo a su santuario.

▷ Salvia y palo santo

Estos métodos chamánicos son perfectos para limpiar energéticamente un lugar, a una persona, a nosotras mismas, una piedra o cualquier otra cosa. Pero no serían nada si no se formulara la intención de esta limpieza energética. Después de expresar tu intención, toma salvia seca o un trozo de palo santo (madera para la purificación, procedente de Brasil). Enciéndelo y sopla para activarlo. Pásalo alrededor del huevo yoni, pidiéndole a la Vida, a la fuente original, que corte cualquier vibración de energía negativa. Invoca la purificación; aprovecha la oportunidad para purificar la habitación en la que te encuentras. Escucha a tu intuición y déjate guiar. Libera a la diosa y a la chamana que hay en ti.

▷ La energía de tus manos

Si tienes magnetismo, si practicas el reiki o cualquier otra técnica energética, será muy fácil para ti energizar el huevo con las manos. Si no estás acostumbrada a sentir la energía que pasa a través de tus manos, comienza frotándolas vigorosamente, sepáralas unos diez centímetros y siente la energía que emana de ellas. Toma tu huevo y pasa la energía a través de él. Es importante señalar que esto no es una acción mental. No eres tú quien actúa sobre el huevo, es la energía de la vida, que luego se transmite de forma natural al huevo.

La vibración de los sonidos

El tazón tibetano, el tazón de cristal o el gong se encuentran entre los muchos instrumentos que hacen que el huevo yoni vibre. Tu cuerpo y tus células también vibrarán con la belleza de estos sonidos. Aprovecha este momento para formular hermosas intenciones y siente los beneficios en cada una de tus fibras.

Agua y sal

Coloca el huevo en el fregadero y deja correr el agua un rato. Visualiza cómo esta y sus energías lo purifican.

También es muy recomendable el agua salada, pero durante un tiempo más corto (menos de quince minutos) y solo para algunas piedras, ya que la sal puede corroer ciertos cristales.

Si vives cerca del mar, nada con tu piedra en la mano o atada a cualquier parte del cuerpo con el hilo.

Crear un círculo de mujeres

No solemos dedicar apenas tiempo a reunirnos con amigas o simplemente entre mujeres. Sin embargo, ¡nos hace mucho bien! Las redes sociales, los mensajes de texto y las llamadas telefónicas rápidas no pueden reemplazar un momento íntimo y cómplice entre nosotras.

Estar entre mujeres es muy poderoso. Hay muchas oportunidades para estar juntas: un nacimiento, la luna nueva, la práctica del huevo yoni, un matrimonio, un divorcio, el comienzo de un nuevo capítulo en tu vida, etc.

Un círculo de mujeres permite crear una red de apoyo energético a las mujeres que participan en él, pero también a todas las mujeres del mundo. Permite entrar en el espacio de lo sagrado.

Suzanne Sterling dice: «Como grupo, nuestras frecuencias se sincronizan cuando cantamos, bailamos y oramos juntas, y la mente se detiene».

Como en cualquier ritual, la idea es dar rienda suelta a tu imaginación y a tu creatividad dejándote guiar por lo que te hace sentir bien. Diviértete, ríe, honra a la diosa que eres, lee textos inspiradores, comparte y vive el momento presente.

Pide a cada mujer invitada que traiga su aceite esencial favorito, su piedra favorita, su huevo yoni y algunas flores, pétalos de rosa o hierbas.

Prepara el lugar donde les vas a dar la bienvenida, para que sea hermoso y lleno de dulzura. Instala en el suelo alfombras de tela (el rojo es un color hermoso, que recuerda la sangre de la menstruación), cojines y flores.

Purifica a las mujeres presentes con salvia o palo santo; luego, formad un círculo, tomadas de la mano. Cada una compartirá una intención para las compañeras presentes en el círculo.

Cantad, leed poemas, meditad y bailad. Sentid la alegría de compartir el momento presente, conectadas con vuestro linaje y con el resto de las mujeres del mundo.

El huevo yoni también tendrá su lugar en este círculo de mujeres. Es una oportunidad para compartir tus piedras favoritas, prácticas y rituales.

Haz que la información circule entre mujeres que pueden no haber tenido la oportunidad de conocer el huevo yoni, para revelar y liberar a través del mundo el poder femenino.

Una aventura deliciosa

¡Qué momento tan maravilloso para ser una mujer en este planeta! Estamos experimentando un cambio de paradigma en el que el principio femenino se despierta en todo su esplendor. ¿No es una alegría poder presenciarlo y protagonizarlo al mismo tiempo?

Deseo que disfrutes de manera personal pero también en comunidad todos los momentos que se te ofrecen para crear tu vida con belleza y feminidad día tras día. Que todas las oportunidades que majestuosamente se te vayan presentando te hagan querer explorar, liberarte y disfrutar.

El huevo yoni te acompañará en esta aventura, en estas diferentes fases de la vida y en la apertura de esta nueva etapa para liberar la sabiduría interior que posees. Este despertar es posible para absolutamente todas las mujeres.

Por supuesto, el huevo no es la única herramienta para hacerlo, pero constituye, en mi opinión, una puerta de entrada. Además, el hecho de que sea conocido en todos los rincones del mundo y por muchas y diversas mujeres muestra que ha llegado en el momento indicado para brillar y encontrar el camino de lo sagrado femenino.

Que disfrutéis de deliciosos descubrimientos y aventuras.

De todo corazón.

Lilou Macé

Más sobre mí

Mi página de Facebook, con noticias en directo y las fechas de las conferencias y los seminarios en los que participo: www.facebook.com/ frlilou

La TV de Lilou, con entrevistas sobre la conciencia, el desarrollo personal, la espiritualidad y el bienestar: www.lateledelilou.com

La librería de Lilou (mis libros, mis tarjetas, mis huevos yoni, enviados con todo mi amor): www.lalibrairiedelilou.com

Mi colección de huevos yoni: www.lalibrairiedelilou.com/collections/ y www.lesœufsdelilou.com

El coaching de Lilou (para obtener más información sobre los vídeos de *coaching* que acompañan a mis libros, incluido *Le défi des 100 jours*): www. lecoachingdelilou.com

Epílogo

Lo has logrado. Has experimentado las primeras etapas de la práctica del huevo yoni, y los efectos benéficos que ya notas te están invitando a explorar más profundamente los tesoros ocultos de tus fuentes secretas… ¡Bienvenida a este viaje para descubrir tu sagrado femenino!

La práctica del huevo yoni ha sido especialmente diseñada para despertar la dimensión sagrada de la energía femenina, con el objeto de reconectar con tu energía curativa y la fuerza silenciosa de la vida.

Al hacer ejercicios regularmente a base de movimientos internos realizados con el huevo yoni, podrás despertar tu energía profunda. Cultivarás el poder interno de la frecuencia orgásmica, que se convertirá en una herramienta completa de autocuración para enfermedades comunes. Para el hombre, el despertar de la energía sagrada masculina se realizará a través de prácticas específicas para cultivar y controlar su energía y desarrollar su potencial sexual.

Una vez que se haya adquirido el entrenamiento individual adecuado, en la intimidad de la pareja se puede desarrollar naturalmente la maravillosa fusión de yin y yang, que multiplica la energía del amor hacia lo que llamamos multiorgasmo. Una energía creativa tan poderosa que consigue iluminar el cuerpo, el corazón y el espíritu. La energía sexual, transmutada en una fuerza vital en la relación de pareja, abre una ventana a los fabulosos horizontes de la reconciliación de los sexos y su complementariedad.

Dominar esta tremenda energía lleva su tiempo. Se necesita de un anclaje profundo para que la energía pueda circular adecuadamente en el cuerpo. Es un vasto programa que requiere paciencia, complicidad y, sobre todo, mucho amor. La sexualidad se convierte en el punto de partida de la gran aventura de la vida.

¡Buena práctica! Buen *chi* a todas.

AISHA SIEBURTH, instructora senior UHTS
y fundadora de la Escuela del Tao de la Vitalidad

Agradecimientos

Quiero dar las gracias a todo el equipo editorial de Leduc, con quien publiqué este libro, y especialmente a Liza, mi editora, que creyó en este tema y en la importancia de su contenido. Gracias por haber contribuido en todo lo posible para que este libro sea lo que es. Gracias a todos los hombres y mujeres que participaron, de cerca y de lejos, en los desafíos y las alegrías de la producción de este proyecto ambicioso y sin quienes este libro simplemente no existiría. ¡Sois formidables!

Gracias a Mantak Chia, que trajo el huevo de jade a Occidente hace muchos años, que ha escrito valiosas obras sobre el hombre, la mujer y el Tao y ha creado el Jardín Tao en Tailandia. Me encanta relajarme en ese hermoso lugar donde descubrí los huevos de jade. Le estoy muy agradecida por sus entrevistas y por transmitir su sabiduría y conocimiento a tantos maravillosos instructores de tao de todo el mundo. Él es una guía para muchos. Me gustaría dar las gracias especialmente a Sarina, José, Aisha, Jutta, Shashi Solla y Minke por compartir generosamente sus conocimientos en todas las entrevistas que me concedieron.

Gracias a las usuarias del huevo yoni por aceptar responder a mis preguntas y ofrecer sus historias en estas páginas. Su contribución es inmensa, tanto para la creación de este libro como para los miles de mujeres que lo leerán. ¡Compartir de mujer a mujer nuestros secretos y nuestros miedos de una manera auténtica no tiene precio!

Muchas gracias, queridas y generosas cocreadoras.

La intención de este libro es tan grande y tan hermosa que solo algunas personas pudieron participar del principio al final en su creación. Sin embargo, me gustaría mostrar mi agradecimiento también a todos aquellos que no han sido parte de este proyecto durante mucho tiempo pero han contribuido, a pesar de todo, a su belleza y éxito.

Doy las gracias a Marie-Pierre, Séverine, Corinne, François, Dimitri, Muriel, Laura, Fabrice, Arnaud, Caroline, Stéphane, Mariette, Lara, Elizabeth, Phi-Haï Phan y, finalmente, y esto es lo màs importante, a mi pareja, mi compañero de vida, Mickaël, que me apoya todos los días incondicionalmente.

Sin ti, la vida no sería lo mismo. Gracias por hacerme descubrir qué es amor y qué no lo es. Gracias por tu apertura, tu alegría, tu entusiasmo, tu sentido de la organización, tu energía y tu corazón. Te amo. Eres mi ángel, mi guardián, mi caballero.

Lilou Macé

L ILOU MACÉ, escritora y entrevistadora, es autora de numerosos informes y blogs, libros y sitios web, así como recopiladora de muchísimos testimonios en todo el mundo. Desde 2006, se ha convertido en una referencia internacional en la web, con más de 60 millones de visitas en YouTube en las versiones francesa y estadounidense.

Lilou viaja por el mundo desde 2011 para entrevistar a autores, terapeutas, científicos y distintas personalidades, buscando una comprensión más global e inspiradora de nuestras vidas. Más allá de las culturas, los países y los dogmas, Lilou reúne ámbitos que suelen considerarse incompatibles: lo visible y lo invisible, lo material y lo espiritual, lo racional y lo sensible. Demuestra que la unificación no solo es posible, sino necesaria para nuestra evolución y nuestra sociedad. Autora del *bestseller* llamado *El reto de los 100 días,* Lilou creó en 2015 su propia librería: La Librairie de Lilou.

Las páginas de Lilou

▶ Comparte tus experiencias sobre la práctica del huevo yoni

¡He creado una página de Facebook dedicada específicamente a los huevos yoni para que puedas compartir tus experiencias personales, tus rituales favoritos, contar tus historias, dar testimonio o simplemente publicar fotos de tus piedras favoritas!: www.facebook.com/lesoeufsdelilou

▶ Descubre los huevos yoni de Lilou

www.lesoeufsdelilou.com
www.lalibrairiedelilou.com

▶ Conferencias y talleres de Lilou sobre las ventajas y las prácticas con el huevo yoni

www.lateledelilou.com/agenda
www.lesoeufsdelilou.com
www.facebook.com/frlilou

▶ Vídeo *coaching* con Lilou sobre la práctica de los huevos yoni

Para ver un vídeo gratis y descubrir el programa especial de entrenamiento con huevos yoni, visita www.lecoachingdelilou.com/oeufdeyoni

▶ Mi agenda

Tus testimonios y preguntas son bienvenidos: ¡escríbeme! Comparte conmigo lo que el huevo yoni te ha revelado y tus rituales y prácticas favoritas, pero también los que has creado tú, así como tus consejos para otras mujeres. Contacta conmigo en lateledelilou@gmail.com

Otras referencias

▶ Algunas páginas de referencia que puedes consultar

Mantak Chia: http://www.mantakchia.com

José Toirán: http://josetoiran.com

Jutta Kellenberger: http://www.juttakellenberger.com/

Aisha Sieburth (que propone talleres en Francia): https://www.taodela-vitalite.org

Minke de Vos: http://www.femininetreasures.com/minke

Solla Pizzuto: https://www.sourcetantra.com/Solla-Pizzuto-p/teacher_sollapizzuto.htm

Shashi Solluna: http://shashisolluna.com/

Saida Désilets: www.SaidaDesilets.com

▶ Vídeos de Lilou en YouTube

https://www.youtube.com/liloumacefr

Entrevistas realizadas por Lilou (principalmente en inglés)

Entrevistas con Mantak Chia

https://www.youtube.com/watch?v=XWwRmZ1Oncg

https://www.youtube.com/watch?v=jQ862T1VLK4

https://www.youtube.com/watch?v=XtQjoFh3PRw

https://www.youtube.com/watch?v=JXIxohioJvo

https://www.youtube.com/watch?v=9W2rY0XDevM

https://www.youtube.com/watch?v=N0Szqxcbk-8

https://www.youtube.com/watch?v=gpRNJvDlUrM

Entrevistas con Sarina Stone

https://www.youtube.com/watch?v=hv3De7sjr1g
https://www.youtube.com/watch?v=xjJ85bcxAg0 (en francés)

Entrevistas con Aisha Sieburth

https://www.youtube.com/watch?v=7DvPeK8GU5w (en francés)
https://www.youtube.com/watch?v=rCbA-JlogF4 (en francés)
https://www.youtube.com/watch?v=YcHn49OOd7s

Entrevistas de José Toirán

https://www.youtube.com/watch?v=FGRdByya-Po (en francés)
https://www.youtube.com/watch?v=1EK6Wz5Ms24
https://www.youtube.com/watch?v=7IxWbQcu4Ew (en francés)

Entrevista con Jutta Kellenberger

https://www.youtube.com/watch?v=E_33OaWcYM8

Entrevista con Minke de Vos

https://www.youtube.com/watch?v=5C2DGRGC8Ig

Entrevista con Shashi Solluna

https://www.youtube.com/watch?v=8Hk7jP5HOUM

Entrevista con Solla Pizzuto

https://www.youtube.com/watch?v=K8tF3eAkiLo

▸ Otras contribuciones a este libro

Corinne Léger, osteópata de Margaux, en Gironde, practica osteopatía desde 1994. Le apasionan los tratamientos energéticos como la litoterapia, los aceites esenciales, la kinesiología, la sonoterapia y la homeopatía emocional.
https://www.corinnelegerosteopathe.com

Elizabeth Beaumont es gemóloga diplomada de la Asociación de Gemología de Gran Bretaña (GEM-A). También es evaluadora acredi-

tada de la Escuela de Gemología de Montreal, cuyos cursos son cer-
tificados por el Programa de Expertos Acreditados de CJA y
aprobados por Gemworld International.
www.elizabethbeaumont.com

François Lehn, periodista especializado en salud, ha creado un sitio web,
Presse Santé, para hacer accesible el conocimiento científico. También
ha contribuido a la realización de este libro.
www.pressesante.com

En esta misma editorial

ARTES TÁNTRICAS TAOÍSTAS PARA MUJERES
El cultivo de la energía sexual, el amor y el espíritu
MINKE DE VOS

En esta obra exhaustiva, Minke de Vos revela cómo canalizar la energía sexual natural para desarrollar la divinidad interior y sanar traumas profundamente arraigados en relación con la sexualidad.

LA MUJER MULTIORGÁSMICA
Cómo descubrir la plenitud de tu deseo, de tu placer y de tu vitalidad
MANTAK CHIA Y DRA. RACHEL CARLTON ABRAMS

La mujer multiorgámsica es un viaje íntimo al deseo y a la satisfacción sexual, reservado exclusivamente para mujeres y guiado por la doctora que muchas mujeres soñarían tener. Con su ayuda, además de alcanzar tu verdadero potencial sexual, descubrirás un modo más sano y gozoso de vivir en tu cuerpo.

ORGASMO TÁNTRICO PARA MUJERES
El poder de la energía sexual femenina
DIANA RICHARDSON

Partiendo de las tradiciones ancestrales de la India, *Orgasmo tántrico para mujeres* se centra en la relajación como clave para plasmar dicho potencial y alcanzar estados orgásmicos profundos.